除了野蛮国家，整个世界都被书统治着。

司母戊工作室
诚挚出品

〔日〕冈田尊司——

著

王星星——

译

回避型
人类

ネオサピエンス
回避型人類の登場

人民东方出版传媒
东方出版社

目 录

第6章
回避型社会畅想 _213

序　章

进入依恋崩溃的新时代

毋庸置疑，人类如今已经进入了全新的进化阶段。

这次进化的速度极为迅猛。以往需要数万年、数十万年才能产生的变化，正在短短数十年间上演，造成了足以称为灾难的剧变。

工业革命大幅度改变了人类社会的结构，信息革命则正在试图改变人类的精神与存在方式本身。

与之并行的，是依恋的崩溃与退化。情感依恋的变化正在从根本上颠覆人类的生物特性。

30多年间，我在临床上竭力拯救那些陷入人生暗河的人，同时不得不思考这样一个问题：意图吞没这些人的激流究竟是什么？对这些人所处的境况了解得越深，我就越无法仅仅满足于人文角度的回答，把这股激流看作人人都会经历的人生浪潮，或是上天赋予每个人的磨炼。我的病人们面临的困难与痛苦里隐藏着洪水猛兽，远远超出各自的人生所能承载的限度。

怀着这样的想法，数十年来，我回顾发生在人类身上的种种，发现侵袭人类的洪涛本质上正是依恋崩溃现象。我意识到，正如全球气候变暖对人类的生存基础造成了物理上的威胁，依恋的崩溃不仅从精神上，也从生物学意义上侵蚀着人类的生存基础。

依恋崩溃的过程中常常伴随着可称为"现代病"的情感障碍症状，比如边缘型人格障碍、进食障碍、儿童抑郁症、双向障碍、注意缺陷多动障碍等。这些病症在"二战"前基本都不存在，直到 20 世纪 60 年代才开始进入大众视野，80 年代后骤增，至 21 世纪则呈井喷趋势[1]。

其中的根本原因，就是由于情感受到伤害，人们的依恋类型变成了焦虑型、混乱型等不安全型。

发现这一现象后，针对这些令既有医疗手段束手无策的障碍，临床专家开发出了作用于情感层面的治疗方式，由此获得的疗效恰好也从侧面印证了问题的核心所在。

不过，年复一年间，我越来越明显地感受到，还有一个问题被我们忽视了，而且该问题还在不断发展壮大。毋宁说，它其实存在已久，只是不大引人注意。与患有边缘型人格障碍之类的明

---

[1] 冈田尊司『死に至る病　あなたを蝕む愛着障害の脅威』光文社新書　2019。

显情感障碍者相比，存在这一问题的人没有垂死挣扎的表现，表面看起来情绪稳定，也很少主动透露自己所承受的痛苦煎熬，因此往往被淹没在人群中。这里所说的问题就是依恋崩溃带来的另一项产物——回避型人格。

所谓回避型，就是既不喜欢也不在意自己与他人之间的情感联系，与任何人都只维持着淡薄关系的类型。拥有这种特性的人正在急速增多，不知不觉间，他们在某些地方的占比甚至已经接近了30%。

进入现代化社会之前，人们基本没有关注过回避型的问题。可以说，回避型依恋是为适应环境的剧变而产生的。为了跨越依恋崩溃这一社会环境的剧变所带来的障碍，人们主动丢弃了依恋，回避型作为短暂的适应性战略应运而生。对人类来说，生活一切如常，没有发生任何改变。

20多年前，我在医疗少年院①认识了一个有回避型依恋倾向的年轻人。自那以后，我开始相信，在具有回避型倾向的人的内

① 收容14～26岁、身体或心理状况异于常人者，为他们提供治疗或矫正教育的设施。——译注

心，仍旧可以重拾对他人的关怀与温柔，于是我也一直在着力解决这个问题。实际上，这样的"奇迹"已发生过多次。然而，随着回避型越来越普遍地出现在极其寻常的家庭、社会中，我也时常会觉得自己所做的，可能就是在被激流席卷而去坠入深渊的成千上万人当中，努力救起一两个人而已。说不定，这种行为其实是把自己希望他人保持内心温暖的期望强加在了一群唯有抹除依恋才能继续生存的人身上。当我们从束缚自己的既有观念中挣脱开来，重新审视这个问题时，就会发现眼前所见与原本所想的大相径庭。

要想理解如今的实际情形，这种想法上的逆转是不可或缺的。

依恋崩溃的过程破除了我们内心的基本认知，即没有什么比人与人之间的联系更加重要，爱他人、待人以善是非常美好的事情。我们有必要冷静地分析依恋崩溃最终会带来什么，并且直面这个问题的答案。

能够带来自由的畅想及发现的，往往不是个人的内心愿望和充满希望的观察，而是与前者完全背道而驰、全盘否定我们一切价值观与信念的思想实验。

本书就是在这样的思索过程中诞生的，与我日常思考的课题刚好相反。我的结论是，即便它与我所期待的未来截然不同，把它如实记录下来也是有意义的。

回避型症状的扩散乍看起来微不足道，实际上却预示着威力更甚于其他情感障碍的重大变化。当这股势头超出某个临界点后，人类就会迈入无法挽回的新境地——从旧的人类族群中将分化出全新的回避型人类。

立足于这一全新视角回顾现状，就会发现其中的另一层意味。举例来说，如今很多人在职场、家庭中感受到的压力，大致可以分为以下两类：一是旧人类在依恋崩溃后，依恋诉求得不到满足而产生的烦恼；二是适应了依恋崩溃环境的回避型人类与仍旧保有依恋、共情能力的旧人类之间的分歧。

回避型人类和旧有的共情型人类之间的差异，比肉食动物和草食动物的差异还大，两者有着截然不同的行为风格与价值观，追求的理想社会也完全不一样。如今，两者间已经出现了争斗与混乱，最终，如果回避型人类继续急速增长，社会或许就会进入一个新阶段，呈现出迥异于前的状态和结构。

　　我们必须接受回避型人类登台亮相这一趋势的出现，想办法做出应对。无论是要以正在走向灭亡的共情型人类的身份继续生活下去，还是要作为最初的回避型人类去建设新型社会，无论愿或不愿，我们都被人类历史的激流裹挟着向前。那么至少，应当预先了解人类将走向何方。

　　会出现回归共情型的反作用力吗？共情型人类与回避型人类可以共存吗？回避型人类会占据全世界吗？假如真的到了那个时候，回避型人类主导的社会会是什么样子的？回避型人类的幸福和生存意义在哪里？

　　知道了这些问题的答案，你是不是就可以经受住作为回避型新人类生活下去的考验了呢？

第 1 章

对他人漠不关心的人

三段人生故事

故事 1　辍学的天才少年

早上 6 点半，小黎（化名）脸也不洗就伸手去拿手机，由此开始了新的一天。17 岁的小黎如果还在照常上学的话，现在应该已经是一名高二学生了。然而他经历中考升入高中后，因人际关系受挫，没有再正常上学，至今已有 4 年多的时间。小黎转学去了一所函授制高中，一年只去学校上几次课，成绩一直处于低空飞行的状态。

不过，现在这个样子已经很不错了。在母亲极力督促他去上学的那段日子里，小黎的作息昼夜颠倒，睡到下午才能起床。没人管之后，虽然用不着上学，他反而渐渐能够早起了。

一开始，小黎每天都要用手机里的消消乐游戏唤醒自己。玩上一小时左右，多巴胺开始分泌，大脑才会清醒过来。这时，准备出门上班的母亲会隔着房门叫他起床。小黎不理会母亲。等母亲离开，听到关门声后，他才慢慢起身，走向空无一人的客厅、餐厅、厨房。桌上照常放着准备好的早餐。小黎会一边继续摆弄手机，一边吃鸡蛋、吐司和沙拉。

吃完早餐，小黎再次回到房间，坐到电脑前，这才正式开始玩网游——不久之前，这就是他的每日必修课。在这个时间段，他常常与处在夜晚的美国玩家组队打怪。游戏里用的是英语，不过这并没有妨碍到小黎，他玩着玩着就记住了。同步聊天时蹦出来的也都是英文字母，小黎却能连敲键盘，与素未谋面的朋友你来我往。游戏一旦开始，快的话要玩到下午，没发挥好的情况下常常会一直玩到傍晚时分。

到了傍晚，日本和亚洲其他国家的游戏好友又会上线参战，小黎便会再度迸发激情，一刻不停地操纵游戏手柄。

不吃不喝地玩上差不多 15 个小时，身体终究会感到疲惫，小黎越来越瘦了。他也知道这样下去不行，但根本控制不住自己。就是在这个时期，母亲担忧儿子，开始让他接受心理辅导。从上一所高中退学后，小黎切断了和朋友的一切联系，最近一次和人聊天都不知道是多少年前的事了。此时，他要面临一个新的难题：每周见一次咨询师，和对方聊 50 分钟。

一开始，小黎常常因为玩游戏停不下来而放咨询师的鸽子，不过对方很愿意听他讲关于游戏的事情，而且无论听到什么，总是会给他鼓励。于是渐渐地，接受心理咨询对小黎来说成了一种乐趣。这也是时隔多年后，他第一次对游戏以外的事产生兴趣。

此时，小黎渐渐开始谈及自己一直不去考虑的未来。

咨询师指出，小黎在某些方面拥有很强的能力，好几年不上学，却还能像现在这样读写英语，实在很厉害。在咨询师的建议下，小黎接受了智力测验，结果显示他的语言能力和知觉组织能力得分惊人，接近 140。听闻自己的分数在 1000 个人当中能排进前 5，小黎非常开心。

咨询师建议小黎，既然有这样的能力，就应该为它找到用武之地。小黎也认真思考了一番。然而，他连函授高中都没有认真去上，也交不出作业和报告，不知何年何月才能毕业。于是咨询师告诉小黎，有一门考试叫"高等学校毕业程度认证考试"，只要通过了这门考试，就算高中没毕业也能去上大学。

小黎决心从头开始。咨询结束后，他在回家途中买了考试历年真题。他试着做了做题，发觉比想象中简单。大概是因为直到初中一直都在努力学习，打下的基础还是起了些作用。小黎心想，准备准备说不定真的有戏，就计划抽出下午的时间用来学习。然而很多时候，早晨一开游戏，他就会一直玩到晚上，一天就这么过去了，根本顾不上学习。小黎向咨询师倾诉了这个问题，咨询师说，小黎习惯于集中精力持续地做一件事，因此先做什么十分重要。咨询师建议小黎不要把学习时间放在下午，一大早先坐到书桌前，打开课本学习，哪怕坚持 20 分钟也好。

果然，按照咨询师的意见调整了计划后，小黎整个上午都能埋首书桌前研读课本，有时甚至能学上一整天。不过，一旦他开小差，打开了电脑，一天的学习也就到此为止了。

计划断断续续地进行着。逐渐适应了学习节奏后，小黎进一步把目标从通过高等学校毕业程度认证考试转向了上大学。那年夏天，他通过高等学校毕业程度认证考试后，一鼓作气，继续挑战高考，最终迈入了一所门槛很高的私立文科院校。

然而，小黎的大学生活只维持了一个月。一开始，他积极地寻找话题，和其他同学交流，久违地交到了新朋友。但在这个过程中，小黎感觉所有人都和自己性格不合，身边的伙伴都很没意思。于是，他开始主动回避与他人交往。结果显而易见，小黎失去了朋友，完全陷入孤立状态。

不过，小黎并没有因此消沉，他主动去上补习班，想要去更优秀的大学，那里一定会有与自己更加志趣相投的伙伴。在补习班用不着交朋友，这让小黎觉得很轻松，没有压力，原本就擅长数学和理科的他，在第二年春天考上了一所最难考的理工类院校。学校里有很多和小黎相似的同学，大家既不交流，也不碰面，只是埋头在电脑前，也没有人讲喜欢、讨厌之类的主观感觉，做好了该做的，就自然能得到其他人的认可。小黎说，这里让他感觉很自在。

小黎是家里的独生子，父亲是做技术的，现在还单独派驻在外地，母亲则是一名药剂师。小黎说，他小时候长得快，很早就进了托儿所，养成了沉稳的性格。一直到上小学，小黎的表现都与常人无异，数学和理科考试基本上都能拿到满分。不过，他不喜欢与别人交往过深，从小学四年级起就开始一个人上补习班了，在班上也没有特别亲密的朋友。

小黎或许是患有阿斯伯格综合征，其表现形式为在人际关系、沟通方面存在障碍，而在智力和语言能力方面比较擅长，表现出类似自闭症的特征。

故事 2 婚姻失败的模范医生

近年来，人们关于夫妻关系的烦恼与困惑增长迅猛。尤为明显的是与医生、IT 技术员等从事专业性职业的男性结婚的女性，她们因丈夫不解风情、不够体贴而烦恼、消沉、焦躁、身心不适。面对丈夫显露出的轻微的阿斯伯格综合征与回避型依恋倾向，很多女性身上都出现了"卡桑德拉综合征"的症状。

修治与彬子（均为化名）就是典型的例子。修治是一名脑外科医生，在一家颇有名气的医院上班，彬子过去是一名空姐，两人一直是外人眼中无比般配的梦幻组合。

修治与彬子经熟人介绍认识，很快就被彼此吸引。修治有一线专业医生的稳重与冷静，外表知性端正，是标准的精英医生长相，个子也高。彬子说，自己第一次约会时就已经被修治迷倒了。

彬子也不是只有美貌与优雅身段的花瓶。她在国际航班做乘务员，工作经验丰富，什么事情都能处理得干净利落，和人聊天时也有说不完的话题，绝不会让对方感到乏味。她在各方面都无可挑剔，深深地吸引了修治。

两人工作都忙，不可能每周约会。要说彬子对修治有什么不满，那就是他问什么答什么，不太主动提到自己的事，常常只是听彬子讲话，让人摸不透他心里在想什么。彬子想着两个人在一起，必须先了解彼此过往的一切，包括从前与异性交往的经历。然而不知是不是对彬子的过去毫无兴趣，修治从未问过她的人生经历，也没有深入讲述过自己的过去。两人会聊起去过的国家、工作、最近看的电影，聊得是挺开心，可彬子总感觉缺了些什么，不知道修治是不是真的把自己看作人生伴侣。在接受了修治的求婚，和修治真正走到一起后，这种感觉变得愈发强烈。

婚后，彬子成为家庭主妇，把家里的一应事务打理得井井有条。修治下班回家后总是不怎么主动开口说话，要么看论文，要么练习第二天要做的手术。别说喝酒，但凡第二天有手术，连夫妻生活都得让道。手术大于一切成了家里的不成文规定。

　　两年后，孩子出生，彬子开始对丈夫一切以工作为先的生活方式逐渐感到不满。修治依然像过去一样，完全没有半点改变的心思，似乎把彬子的配合视为理所应当。

　　孩子夜里啼哭，修治一概不管，一个人睡到另一个房间，说是不能影响第二天的手术。为了不打扰修治睡觉，彬子整晚抱着孩子哄，换来的只有修治第二天早上的一句"真能哭啊"。

　　生完孩子，彬子的身体也出了问题，夫妻二人的性生活次数显著减少。偶尔做一次，修治也没有让彬子感受到陷入温暖包围的舒适，仅仅是在进行一项机械运动而已，这让彬子的身心变得麻木。彬子有性交疼痛的症状，曾迫于无奈应付丈夫的需求，自那以后，出于对疼痛的恐惧，她开始拒绝修治。

　　这个时候，或许是因为不过性生活已经成了夫妻俩的常态，修治也不再主动求欢。彬子的身体调养好后，有时也会渴望丈夫的亲近，而修治平时就手术缠身，周末也有很多术后管理、紧急手术、学会事务，工作一项接着一项，忙得分身乏术。彬子甚至怀疑，修治是不是有了别人，然而修治根本不可能做出出轨这种占用时间精力的麻烦事。

丈夫把工作放在第一位，毫不在意妻子的牺牲，永远按自己的步调行事，做自己想做的事。彬子的焦躁与欲求不满由此越积越深。最让彬子精神紧张的是，不管自己如何表达心情和感受，修治只会回以事不关己般的冰冷评论，感受不到一丝一毫丈夫对自己的关心。

修治手术技艺高超，作为医生，或许足够优秀；然而作为人、作为丈夫，他难以亲近，搅乱了彬子的精神状态。彬子怒气爆发，越来越频繁地痛骂修治。她也没想到自己会变成这个样子，自己都吓了一跳，更没法向以为自己生活在幸福婚姻中的身边人吐露实情。

某天，彬子得知了一个词，叫卡桑德拉综合征，完全就是自己真实状态的写照。彬子怀疑修治可能患有阿斯伯格综合征，但又听说，修治作为医生深得众人信赖，工作表现出色，也受到患者的尊敬。彬子下定决心，对丈夫倾吐了自己内心的想法。她告诉修治，日子再这样过下去，两人就只能分道扬镳了，但如果有办法改善当下的关系，她也希望丈夫去尝试一下。刚开始，修治没把妻子的话放在心上，然而即便不愿承认，他心里也明白，继续这样下去，两人的关系最终会走向破裂。于是，他去妻子推荐的医疗机构接受了诊治。

医疗机构对修治进行了详细的预备面谈及诊断面谈，前后共计 5 次，同时还给修治做了发展情况检查和各种心理测验。

修治一开始神经紧绷，接受诊治时不情不愿，表露出强烈的警惕和抗拒。气氛逐渐缓和后，修治讲述的不再仅仅是自己与妻子之间的问题，而是延伸到了自己过往的人生经历。修治有个突出的特征，就是不太记得孩提时代的事情。身为一名优秀的医生，他有着超出常人的记忆力，却在回忆过去时带有强烈的抵触感，似乎受到了某种力量的压制。

尽管如此，从他断断续续的讲述中，还是可以推断出，修治的童年过得十分孤独。母亲身为教师，总是忙于工作；修治年幼时由奶奶照顾，3 岁起就一直在托儿所上全托，几乎没留下什么快乐的回忆，也没有感受过来自母亲的温情。上小学之后，很多时候他还是孤身一人。面对其他蛮横粗野的孩子，修治感受不到亲切，只有恐惧。就算有能说上话的朋友，和对方的交往也仅限于当时当地，他既没带朋友来过自己家，也没在放假时和朋友出去玩过。他的乐趣在于读书、玩游戏，以及始于小学二年级的将棋。

比起学校，修治更喜欢去补习班，因为上补习班的目的非常明确，而且可以令他逃离烦琐的人际关系。在补习班里，修治才第一次交到了令自己敬仰的朋友。那个朋友目标明确，立志当医生，知识丰富，自我觉悟高，和公立小学里那帮吵吵闹闹、蛮不讲理、寻衅滋事的家伙相比真是有如天壤之别。修治第一次觉得自己遇到了志趣相投的伙伴。

面对妻子，修治说，比起信赖和亲近，他感受到的只有压力与恐惧。究其根本，这种感觉源自他深埋在记忆深处的，对那帮欺负自己、找自己碴的人所抱的感情。

发展情况检查的结果显示，修治拥有优异的智力，其中语言理解与知觉组织的得分非常高，而无论是在社会性、沟通能力，还是在社会认知、执行功能方面，都没有发现神经功能障碍，因此不能诊断为自闭症谱系障碍。不过，修治回避情感交流与亲密关系，漠视情感共鸣，喜好工作、学习等可以独立完成的事项的倾向非常明显。修治身上的另外一个特征是，他对母亲漠不关心，感情淡薄。他称母亲为"那个人"，回想起母亲时，首先想到的是她的冷漠。如今，修治对妻子的感觉也是一样。

据诊断，修治有回避型依恋倾向。他不喜欢亲密的深层次关系与情感交流，在合作度、共情度方面也有所欠缺，表征类似自闭症谱系障碍，但神经层面未见明显障碍，特征是无法建立良好的人际关系，尤其是亲密关系。应该说，修治也和第一个故事里的主人公小黎一样，面临着回避型依恋的问题。

故事 3　回首遗憾人生的老者

义晴（化名）是一位 60 岁的男性，他在走投无路之下打来电话，匆忙定下了前来咨询的事。义晴是高级白领，供职于一家大名鼎鼎的一流企业。大概半年前，他退了休，然后又被公司返聘，继续在原来的公司工作。来到门诊室的义晴脸上带着和煦的笑意，口中描述的精神状态却沉重不已。

退休没多久，义晴就与妻子分居，过起了独居生活。妻子从很早之前就一直在说受不了和义晴一起生活。义晴也用自己的方式努力挽回过，可最终还是没能令妻子满意，做什么都不对。妻子逼着义晴离婚，说即使离不了婚也要分居。

在妻子看来，义晴就是块没有感情的木头，一看到他的脸就觉得不爽，和狗生活在一起都比和他在一起强得多。眼看着终于要退休了，妻子某天再次提起了分居的事。义晴觉得自己多年的努力都成了徒劳，不过他又想，与其像现在这样成天被埋怨，不如就答应妻子算了，也能落个清静。

只是，随着离家的日子临近，义晴的忧郁与不安也越积越深。家务他都会做，在这方面没什么可担心的，只是总感觉自己好像没有了依靠。然而答应分居的话已经出口，也不能反悔不认。义晴把住了大半辈子的家让给妻子和儿子，自己搬进了一间小小的公寓。

真正离家独居后，义晴意外地发现生活反而变得安逸了。他再也不用每天忍受妻子的牢骚、责备，还能自由自在地享受旅行和音乐的乐趣。以往因为顾虑妻子的想法、脸色而尽力克制的事，如今也能随心所欲地去做了，好似回到了单身时代。义晴感觉自己获得了自由，这样的生活似乎也不赖。

义晴还读了好几本讴歌孤独的书，书中讲述家人的牵绊只会成为阻碍，一个人的人生才是最美好的。他觉得自己过上了全新的生活。

之后，义晴有时制订休假旅行计划，有时玩脸书，联系长年没有来往的朋友，日子过得十分充实，完全沉迷在一个人的生活状态中。

就在这时，一个意想不到的人联系了义晴——大学时代和义晴同属一个社团的女性 N。义晴曾经喜欢过 N，还请她喝过一两次茶，只是两人间的故事仅此而已，义晴还没找到机会表白就走上社会，从此与 N 断了音信。不过，义晴直到 35 岁还没结婚，或许就是因为心里还隐藏着对 N 的感情。

与怀念一同到来的，还有一种仿佛在黑暗里找到了光亮的感觉。看来和家人分开后，义晴确实是孤独的。没有谁主动提起，但他和 N 终于决定彼此见上一面，并定好了时间地点。随着日子临近，义晴却越发感到恐惧。

毕竟已经过去了近 40 年，通过短信互通音讯的时候，义晴已经确知了对方结婚生子、孩子也已成年的消息。他想，都到了这把年纪，见面大概只会让彼此失望。退缩的念头一次次涌

上心头，然而最终，对于见面的渴望还是占据了上风。大概是
孑然一身的生活让他感到孤寂了吧，义晴或许幻想着一场浪漫
的梦境。

见面的日子到来了。出现在义晴眼前的 N 看起来虽然比实际
年龄小很多，却终究已经是个不折不扣的老婆婆了。不过，她那
比之过去愈加优雅的气质、依旧没变的灵动眼眸，令义晴几乎忘
却了时光的流逝。

看到义晴后，N 很好心地说："你一点也没变。"这当然是不
可能的，义晴的头发已经明显稀疏，白发也比过去多了。

两人一起吃了顿饭，又聊了几个小时，傍晚时分在车站分别。
N 还和从前一样，一直开心地说个不停，讲自己的丈夫、孩子，
还有最近迎来的孙子，热情的声音里还能看到年轻时候的影子。
义晴听着 N 的讲述，感觉自己身上实在没什么值得一提的事。

"你也讲讲自己啊。"在 N 的催促下，义晴说："我没什么好
讲的，一无是处。"他说到一半停住，含含糊糊地回应了 N 的话
题："还没抱上孙子，不过总会有的。"

"你还是和从前一样呢，让我一个人说个不停，自己就一言不发，只知道笑。"

妻子过去也总是对义晴说同样的话。

"都过去这么多年了，不妨告诉你吧，我其实很喜欢你，一直在等你的表白。我用了三年时间才忘掉你，然后才遇到了现在的丈夫。"

这句话太具冲击性，义晴一时惊讶得忘了呼吸。没想到 N 竟然也对自己有意……然而，义晴的喜悦只维持了短短一瞬，很快就被难以言喻的失落感取代。失落折磨着他的神经。

两人音讯中断的近 40 年里，N 找到了信赖的伴侣，构筑了温暖的家庭，幸福满满；而义晴则在回避提起本应被自己视若珍宝的妻儿。同样过了近 40 年，他什么都没得到，反而一直在失去。

在车站与 N 作别后，义晴心里就像漏了个洞一样，非常空虚。自己都做了些什么呢？是不是一直没有认真对待过生活？义晴喜欢 N，却没有靠近对方的勇气，最终与主动向自己求婚的妻子走到了一起。义晴其实没那么喜欢妻子，也并没从心底里期待过与妻子的婚姻。

或许就是这样的思绪使得义晴心生退意，一直借工作回避妻子。妻子因为义晴的态度饱受折磨，义晴却始终视而不见。如今，人生的时光已所剩无几，他在耗尽了妻子的爱意之后，反遭妻子抛弃。

义晴第一次为自己的所作所为后悔不已。他本来是有机会活出另一种人生的，可事到如今，一切为时已晚，没有挽回的可能了。想到这里，义晴心绪不宁。

与 N 的再会和 N 的告白，反而愈发增强了义晴的失落感。义晴原本就有回避型依恋倾向，与人交往时喜欢保持一定距离，总会在不知不觉间回避与他人建立亲密关系。即便是面对大学时互有好感的女性，他也没能往前迈出一步。结婚 30 年，他依然没有对共度人生的妻子敞开心扉。

工作上，义晴硕果累累。他以高级员工的身份，在世界知名的一流企业一直干到了退休。然而，如今他被公司返聘，成为特约顾问，却并没有得到什么重用，只是从事着与自己过往经历无

关的工作。一个念头突如其来地涌上心头：这 40 年来的努力是
为了什么呢？

要说是为家人，那就过于虚伪了。义晴一直借工作逃避家庭，
可惜在工作上，他做的也并不是自己真正想做的事情。义晴本来
是一名音响专家，公司裁撤掉音响部门后，他放弃了自己真正想
做的事业，选择了稳定。义晴曾经觉得这么做是为了家人，但那
其实只是给自己找的借口，实际上，他只是害怕离开公司罢了。

爱情也好，工作也罢，义晴两边都不如意，最终同时失去了
两者。他从未真正渴望、真正努力达成过任何东西，这个念头牢
牢占据了义晴的脑海。

许多回避型依恋的人，往往都会在人生行至尾声时生出这样
的感慨。

事已至此，即便察觉自己一直在回避人生，时间也无法从头
来过。这是人们始终不愿面对的残酷事实。

永远沉睡不醒是不是更好呢？如果没有与 N 重逢，还像从前
那样继续享受一个人的生活，是不是就根本不会察觉人生的缺憾

呢？但义晴又觉得并非如此，那样做只是自欺欺人而已，根本骗不过自己。

在人生尚余十几二十年时光之际醒悟过来，难道不是一件好事吗？

究竟是怎样走到如今这个地步的呢？义晴回顾一生，发觉自己丢弃了真实的想法与心境。他似乎从未在意、渴望过什么。

回想起来，在小时候，每当义晴露出笑意的时候，总会招来母亲的训斥。所以笑并不会让他开心，而是恰恰相反。母亲为了贴身照顾病重的哥哥，几乎不怎么待在家里，即便偶尔回家一趟，脸上的神色也因为心情不佳而十分难看，不给义晴一个正眼。不知不觉间，义晴的思绪沉入了幻想世界，每当此时脸上才会自然而然地露出笑意，不过在母亲面前，他必须注意控制自己的面部表情。

逃入幻想之中是一种在回避型依恋的孩子身上很常见的代偿行为。大概从幼时起，义晴就已经把自己从现实世界中剥离开来，学会了如何保护自己。这样的反应在心理受到忽视的孩子身上并不少见。

义晴早已把自己曾经沉迷幻想的事忘得一干二净了。记忆复苏后，他回想起来，幻想世界是他人生中很重要的一部分，曾经长久占据着自己的一半思绪。他热衷幻想的习惯一直持续到了20多岁的时候。

在义晴的感知里，在现实世界之外还有一个幻想世界，就像是一个平行空间，两者同时存在。

义晴觉得自己与现实之间的联系似真似幻，有一半的自我处于幻想当中。这样的感觉在与人接触、交流时依然存在，仿佛一半的自我游离在别处。义晴不太记得孩提时代的事，无疑也是出于这个原因。

半梦半醒的自己究竟是怎么走过如此漫长的人生旅程的呢？

话虽如此，大学时代即将结束的那天，在下着小雨的铁道口，义晴无言地目送 N 撑伞离去的背影时，那种痛彻心扉的感觉却无疑是真实存在的。

10 年后，义晴与后来成为自己妻子的女性相识，两人第一次约会的那个晚上，他感受到离别的临近，产生了难舍难分的心绪，这也是不可否认的事实。

　　没必要否定每一种当时产生的感情。就算那份感情如今走向了另一个极端，义晴曾在生活中体味过那份感情的事实也是不容抹杀的。如同肉体一般，感情也有走到尽头的时候，但那并不意味着它从未存在过。在某个瞬间，它曾真真切切地占据过义晴的心头。如今，尽管曾经的感情已经变质，也不能全盘否定它的存在。

　　在探寻本心的过程中，义晴一一忆起了过去体会到的种种滋味，并因此意识到，认为自己失去了一切的想法只不过是意图阻止时间流逝的妄念而已。他学会了接纳真实的人生。

什么是回避型依恋

上文讲述的三段人生故事分属青年期、中年期、老年早期，也存在着年代差异，但都有一个同样的本质特征以及由此衍生的人生困境。所谓的本质特征，就是当事人回避情感交流与亲密关系，使得人生流于表面，没能收获可持续的互信关系，面临动辄陷入孤独的问题。这就是所谓的回避型依恋。

出现这种症状的人时常会被诊断为自闭症谱系障碍，这样的诊断其实不够准确。自闭症谱系障碍是自闭症及其类似状态的总称，包括广泛性发育障碍与阿斯伯格综合征。自闭症谱系障碍患者存在神经症症状，很难自如地处理日常生活与社会生活。

然而，回避型依恋者虽然显示出类似的表征，但几乎检查不到神经功能障碍。事实上，很多人还运用自己的特殊能力获得了超越常人的成功。尽管如此，他们在生活和人生中面临的困难依然不容小觑，这些困难集中体现在亲密、可持续关系的构建上。

回避型依恋的另一个特征是与父母亲缘淡薄。被问起父母时，这些人的反应一切如常，但会回避更加深入的问询。稍稍深入一点，就会发现他们要么与父母关系疏远，要么缺失了父母的关爱，要么承载着父母的期望，被逼着不断学习。

回避型依恋的出现当然与遗传有关，遗传因素影响的占比为三到四成[1]（在自闭症谱系障碍中，遗传因素影响的占比有八九成[2]）；不过生长环境因素的影响更加重要。回避型依恋已愈发成为现代人面临的重大问题，它不单使个人的生存和生活困难重重，还关乎人类种族的延续。

接下来，让我们先回过头来，了解一下什么是回避型依恋，再从它激增的背景，即环境因素开始，展开深入探寻。

---

[1] Picardi et al., "A twin study of attachment style in young adults." *J Pers.* 2011 Oct; 79 (5): 965–991.

[2] Sandin et al., "The Heritability of Autism Spectrum Disorder." *JAMA.* 2017 Sep 26; 318 (12): 1182–1184.

第 2 章

回避型依恋的出现

超越文化与种族的依恋机制

这件事发生在距今 70 多年前的 1950 年。一位女研究员为了陪丈夫去海外留学，从加拿大来到英国。她注意到了一则刊登在报纸一角的招聘广告，内容是招募辅助研究工作的助手。对这位正在找工作的研究员来说，这则招聘广告恰如一场及时雨。

女研究员的名字叫玛丽·爱因斯沃斯（Mary Ainsworth）[1]，发布招聘信息的则是一位名叫约翰·鲍尔比（John Bowlby）的精神科医生。作为依恋理论的创始人，鲍尔比如今已在全世界声名远扬，不过在当时，爱因斯沃斯还不太了解鲍尔比，也正因为如此，她产生了试一试的想法。

当时，鲍尔比根据对战后孤儿的调查，提出母亲的爱与关怀对于孩子的成长不可或缺，然而这一主张遭到了众多反驳与嘲笑。当时在精神医学界占主流地位的精神分析思想，重视的是孩

---

[1] デイビッド・J・ウォーリン『愛着と精神療法』p.21–24 津島豊美訳　星和書店　2011。

子与父亲的关系；而新兴的行为主义心理学则对关爱、联结之类的无形之物持怀疑态度，认为孩子对母亲的依赖不过是由母亲的乳汁和关爱带来的学习行为，所谓的特殊联结也只不过是人们自己制造出来的幻想而已。

以这些主流学派的基本常识来看，鲍尔比的主张充斥着幻想，只是荒唐可笑的戏言。但极为幸运的是，爱因斯沃斯在参与鲍尔比的研究之前，并没有先入为主地否定他的主张。爱因斯沃斯对鲍尔比的见解大感兴趣，成了他最早的合作研究者。

此前，鲍尔比调查的主要对象是在战争中失去了父母的孤儿，他们身上频频出现严重的发育问题与心身疾病。爱因斯沃斯调查了更多普通孩子，结果惊讶地发现，尽管比例很低，但双亲健在、在普通环境中成长的孩子，仍然可能对母亲怀有不安全型的依恋。不安全型依恋的类型之一，就是毫不关心母亲在不在身边的回避型依恋。

安全型依恋的孩子的母亲，在孩子求助时会很快做出反应，抱起孩子，给予孩子关爱和守护；而回避型孩子的母亲，要么注意不到孩子的困境，要么注意到了也毫不在意，常常置孩子于不顾。

爱因斯沃斯认为，母亲的感受与回应使其自身成为孩子的安全港湾，这对于孩子形成安全型依恋十分重要。

为了陪丈夫就职，爱因斯沃斯从英国搬到了非洲国家乌干达。她把这次搬迁视为一次很好的机会。爱因斯沃斯在乌干达首都坎帕拉进行调查，持续观察母亲与孩子之间的情感。如果能在乌干达得出与在英国同样的结论，就能证明依恋的机制超越了文化与种族，是全人类共有的生物学特征。之后的结果基本上证实了爱因斯沃斯与鲍尔比的猜想。

后来，爱因斯沃斯又离开乌干达，回到祖国美国的巴尔的摩进行同样的调查，却偶然发现了一个完全没有预想到的情况。

社会变革引发依恋危机

与乌干达截然不同的美国社会

爱因斯沃斯发现，回避型孩子在乌干达几乎绝迹，却在巴尔的摩频频出现[1]。

时间已进入 20 世纪 60 年代，此时的美国正面临重大的社会变革。公民权运动与女性解放运动如火如荼，女性迈入职场的现象变得越来越普遍，与此同时，离婚人数开始迅速增长[2]。

呼吁女性权利的确体现了社会的进步，然而，儿童群体难免会受到这股浪潮的侵袭，其影响绝不算小。同样也是在 20 世纪 60 年代，虐待现象激增，开始演变为社会问题；患有注意缺陷多动障碍和情绪障碍的儿童也明显增多，引发了社会关注，政府正

[1] デイビッド・J・ウォーリン『愛着と精神療法』p.25 津島豊美訳　星和書店 2011。

[2] 岡田尊司『死に至る病　あなたを蝕む愛着障害の脅威』「第 5 章　愛着障害の深刻化と、その背景」光文社新書　2019。

式决定对注意缺陷多动障碍儿童施行药物疗法 [①]。

在这样的时代背景下，自乌干达归来的爱因斯沃斯自然而然地发现了美国与乌干达之间的巨大差异。

促使回避型依恋成形的因素中，最具代表性的因素是实际被忽视与遭受心理忽视。有的母亲自以为把孩子照顾得很好，而实际上，母亲的回应不够及时和敏感，孩子同样会形成回避型依恋。即便母亲自身没什么问题，但孩子未满 1 岁，或是长时间寄养在托儿所，都会加大形成回避型依恋的风险 [②]。

在 20 世纪 60 年代，不仅职场女性增多，把年幼的孩子托付给育儿机构、自己出门工作的女性也大幅增多。我们究竟应不应该仅仅把回避型依恋群体的增加视作偶然，拒绝承认其中包含着某种因果关系呢？

---

① マシュー・スミス『ハイパーアクティブ：ADHD の歴史はどう動いたか』「第二章　最初の多動症児」石坂好樹、花島綾子、村上晶郎訳　星和書店　2017。

② Barglow et al., "Effects of maternal absence due to employment on the quality of infant-mother attachment in a low-risk sample." *Child Dev.* 1987 Aug；58 (4)：945-954.

回避型依恋持续增长

20 世纪 60 年代的年幼孩子，到 80 年代就长成了大人。女性进入职场以及离婚人数激增的趋势一直持续到 70 年代，80 年代后虽然仍在增长，但势头已经逐渐减缓，保持在了一个较高的水平。

然而，在 1988—2011 年这 23 年间，针对超过 2.5 万名美国大学生展开的有关依恋类型比例变化的调查结果显示，安全型依恋的比例一直在减小，从 48.98% 降至 41.62%，回避型依恋占比则大幅增长，从 11.93% 上涨到了 18.62%。安全型依恋的减少几乎都来源于回避型依恋的增多[1]。

与北美相比，欧洲（尤其是德国、荷兰、北欧）回避型依恋的增长趋势更加明显。欧洲关于依恋类型的调查超过 200 次，样本总数 1 万余人[2]。统计这些调查结果后发现，欧洲的回避型依恋

[1] Konrath et al., "Changes in adult attachment styles in American college students over time: a meta-analysis." *Pers Soc Psychol Rev.* 2014 Nov；18（4）：326-348.
[2] Bakermans-Kranenburg & van IJzendoorn, "The first 10,000 Adult Attachment Interviews: distributions of adult attachment representations in clinical and non-clinical groups." *Attach Hum Dev.* 2009 May；11（3）：223-263.

比例上涨到了 30%，在青年及学生群体中的占比分别为 35% 和
33%。近年以日本大学生为对象展开的一项调查①则显示，回避型
依恋占比为 28%，算上焦虑 - 逃避型（混乱型）在内，占比高达
59%，与人们日常感受到的情况比较接近。

当年让爱因斯沃斯震惊的情形仅仅是个开始，回避型持续增
长的趋势还在不断加速。女性进入职场和离婚的人数保持在了一
个较高的水平，从变化率来看，它们已不再是促使回避型出现的
主要原因了。相反，虐待与忽视现象的加剧一直持续到了 21 世
纪初，因此可能对回避型的出现有一定影响。

不过，在美国，由于政府对虐待行为进行了强有力的管制，
自 2000 年左右起，虐待案件的增加也出现了停滞，2007 年后开
始大幅度减少。即便如此，21 世纪以来，回避型依然在继续增
长，可见除了家庭环境与家人关系的变化之外，还有其他环境因
素也起到了影响作用。

此时浮出水面的，是信息环境的剧变。

---

① 松下姫歌、岡林睦美「青年期における愛着スタイルと母子イメージとの関
連―質問紙と母子画を用いての検討―」広島大学心理学研究　第 9 号　2009。

信息革命重塑大脑与基因

在美国，电视机于 20 世纪 50 年代开始普及。从那时起，比起关注家人、邻居，人们变得对看电视更有兴趣，也更能从中找到乐趣。

电视带来的冲击已经相当巨大了，而其后信息环境的急速进化，又使电视也成了落后的时代遗物。电子游戏、电脑、互联网、智能手机，这些接连登场的设备、服务，以其更高的信息集成度与便利度，完全颠覆了人们的生活。显而易见，长时间沉迷于这些信息机器剥夺了人们面对面交流的机会，过度使用固定的神经通路不仅使人的大脑功能减弱，还会导致社会能力、共情能力的减弱。

大脑具备高度可塑性，一个人生活在怎样的环境里，受到怎样的刺激，不但会影响大脑功能，还会导致大脑的结构发生变化。人们或许以为这些变化只会影响正当其时的一代人，但实际上并非如此。

正当其时的一代人最终会为人父母，大脑的功能与结构发生变化，免不了会影响他们照顾、养育孩子的态度。最终，自孩子出生的那一刻起，原本只出现在父母身上的变化，就会通过父母与孩子两代人之间的相处，给孩子造成影响。比如，父母比起真人更愿意关注电视屏幕的倾向，肯定会影响到孩子。孩子会像父母一样，不再热衷于摆弄玩具，而是沉迷于各种信息设备。

非但如此，近年来人们还发现，环境作用会使遗传基因发生变化。这是一种被称作"表观遗传学"的控制机制。而且遗传基因的这种变化会通过反复发生遗传给下一代。也就是说，影响孩子的不仅是父母的行为，还有遗传基因层面的变化。

被环境选择的基因

环境影响的不只是个体的遗传基因，事实上，它还会在群体层面带来更加重大的影响。适应环境的个体更易繁衍生息，由此便挑选出了有利的遗传基因。不过，在通常的自然状态下，环境在波动变化的同时也会保持一定的平衡，不会始终朝同一方向变动，因此在基因选择方面的进展极其缓慢。也就是说，进化需要花费漫长的时间。

然而在有些情况下，遗传基因也会在短时间内发生变化。通过环境变化及人为选择，某类遗传基因的优势可以急速增大，拥有该基因的个体随即增加。

举个例子，培育斗牛犬、约克夏梗犬之类的犬种并不需要耗费几千几万年的时光。只要人为选择符合特性的个体加以培育，仅仅几代就能培育出完全个性化的犬种。

最近发布的一项研究结果[①] 显示，乳牛的典型品种荷斯坦牛在 1964 年以来的 40 年间，因持续接受人为选择而发生了遗传基因的变化，产奶量显著提高。

在人类身上，或许也在上演着同样的事情。

如果环境朝着有利于回避型人类的方向急速变化，拥有回避型特征的人被他人选为伴侣的机会增多，更易繁衍生息，回避型在某一群体内所占的比例就会加大。在高度发达的技术支配的环

---

① Ma et al., "Genome changes due to artificial selection in U.S. Holstein cattle." *BMC Genomics.* 2019 Feb 11；20 (1)：128.

境中，所谓的适应能力大概就是比起人，更加亲近物与技术。或许正是有利于这一特征的遗传基因，造成了回避型人类的增多。

如此看来，回避型人类并不是无法适应环境的弱者，而是被环境选择，最先迈入进化过程的强者。

不过，培育荷斯坦牛也导致了另一个令人头疼的问题：增加产奶量的遗传基因发生变异，牺牲了繁殖与免疫相关的遗传基因。事实上，出于这个原因，荷斯坦牛正面临着繁殖能力低下的问题[①]。

虽说回避型人类同样面临类似的困境，但他们享有的有利因素基本可以抵消这些不利条件。

人类正以前所未有的速度改变着自身所处的环境，其中变化最为剧烈的就是信息环境。信息量与通信速度的爆炸式增长，将人类的大脑纳入了信息网络，同时不断改变着大脑的功能与结构。超越了进化概念的"超进化"正在短时间内上演，恐怕并非妄言。曾经的自然选择模式耗费数十万年才能完成的变化，正在

① Ma et al., "Genome changes due to artificial selection in U.S. Holstein cattle." *BMC Genomics.* 2019 Feb 11；20 (1)：128.

数十年的时间跨度内得以实现。回避型人类，正是因为足以适应剧变的信息环境而被环境选中的群体。

回避型依恋与自闭症谱系障碍

如前所述，相较于回避型依恋，自闭症谱系障碍患者的神经症症状更严重，影响到了其日常生活、社会生活以及工作生活。过去，学界认为，该障碍受遗传因素的影响很大，80%～90%的自闭症谱系障碍患者都是由于遗传因素患病；近年来，人们却渐渐意外地发现，环境因素也和自闭症谱系障碍的出现有关。

自闭症谱系障碍中，没有伴随智力与语言能力低下症状的叫作阿斯伯格综合征，有些患阿斯伯格综合征的人拥有强大的智力和记忆力，以研究人员和各行业专家的身份活跃在大众的视野里。这种类型的人常常同时带有回避型依恋倾向，不过与回避型相比，他们的神经症症状更严重，过度敏感，刻板执行同一套行为模式，往往在发声、语言理解、运动与平衡控制、注意力与执行加工能力方面都伴有相应的障碍。与之相对，在回避型依恋者中几乎不存在这些神经症症状，他们的明显特征只是回避亲密的人际关系。

在欧洲，30% 的成年人都属于回避型依恋，据推测日本的比例也差不多。回避型依恋已成为人类面临的切身问题。与之相对，自闭症谱系障碍的患病率在过去还不到 1%，即便把诊断过程比较漫长的因素考虑在内，比例应该也只在 5% 左右，比回避型低了好几倍。

如果一个人可以正常工作，却在婚姻之类的私生活方面不尽如人意，这个人很有可能就属于回避型依恋。如果像自闭症谱系障碍一样，问题严重到已经对自身造成了障碍，往往就会给社会生活和日常生活带来影响与困难。

先天与后天的双重作用

形成回避型依恋的很大原因在于受到了成长环境与通信信息环境等环境因素的影响，出现自闭症谱系障碍的原因则大多在于遗传因素或胎儿期、新生儿期遇到问题等先天的生物学因素，这就是两者的不同之处。不过回避型依恋依然与遗传因素相关，影响力占三四成；自闭症谱系障碍也与环境因素相关，影响力占两成，最近也有研究认为，环境因素的影响占了五六成。

与自闭症谱系障碍患者存在血缘关系的人群当中也有呈轻度自闭倾向的人，有些还在社会上大放异彩。在这些人当中，有的不擅经营亲密关系，有的不擅对话沟通，有的不擅理解他人情绪①。这些特征与回避型依恋的症状在很大程度上是重叠的。

换言之，回避型依恋与自闭症谱系障碍的外围是接壤的，但两者间并不一定共享着同样的遗传因素。即便没有遗传因素的影响，也有可能表现出相同的症状。

举例来说，父母身上存在某种降低共情能力的遗传基因时，该基因遗传给下一代的概率在 1/4 ～ 1/2，而孩子不仅受到了遗传基因造成的直接影响，必然还会受到具备该基因的父母在教养过程中施加给孩子的影响。孩子即便没有继承相同的基因，也还是要在父母的养育下长大。

---

① Lamport & Turner, "Romantic attachment, empathy, and the broader autism phenotype among college students." *J Genet Psychol*. 2014 May-Aug ; 175 (3-4) : 202-213.

遗传基因本身的影响和拥有该基因的父母在孩子成长过程中施加的影响，哪一种作用力更强呢？有一种研究方法可以将两者分离开来单独研究，那就是对比接受卵子捐助怀上孩子的母亲与捐助卵子的母亲，哪一方对孩子的影响更大。用这种方法研究与自闭症谱系障碍同属发展障碍的注意缺陷多动障碍后发现，与孩子的注意缺陷多动障碍症状存在关联的，并不是提供了卵子的生身母亲，而是养育孩子的母亲 [1]。

换言之，我们一直以为的遗传因素影响，其实更多的是来自拥有该基因的父母，而不是来自基因本身。

自闭症谱系障碍很可能也是如此。即使并不具备致使共情能力低下的遗传基因，在成长过程中缺乏情感共鸣，也会使当事人在人际关系和共情能力上面临问题。问题的严重程度虽然不及自闭症谱系障碍，但也同样会使人变得不擅处理人际关系、难以面对亲密关系。这些现象同样会发生在父母属于回避型的孩子身上。遗传因素虽然并没有直接参与其中，但在不擅处理亲密

---

[1] Harold et al., "Biological and Rearing Mother Influences on Child ADHD Symptoms: Revisiting the Developmental Interface between Nature and Nurture." *J Child Psychol Psychiatry*. 2013 Oct；54 (10)：1038–1046.

关系、缺乏情绪反应的父母膝下长大，孩子就会显现出同样的倾向。

　　由于遗传因素与后天成长的环境因素如此难舍难分，自闭症谱系障碍与回避型依恋也就必然存在着千丝万缕的联系。由此看来，两者同时呈现增长趋势也就很好理解了。

适应环境而生的回避型依恋

当然，有时遗传因素与后天因素会同时存在。拿前文提到的例子来说，父母具备致使共情能力低下的遗传基因，生出来的孩子就有 1/4 ～ 1/2 的概率受到遗传基因与成长环境的双重影响，共情能力就会更加低下。

讽刺的是，从生存的角度来看，有时候与父母拥有同样的基因反而会让孩子活得更轻松。即便父母拥有降低共情能力的基因，孩子也有 1/2 ～ 3/4 的概率没有继承相同的基因。如果父母迟钝，孩子却很敏感，孩子就容易受到不必要的伤害，费心劳神，或者和父母的角色发生颠倒。

身处这种状况的孩子大致会做出两种反应。一是自己也变得和父母一样迟钝，学会了不再期待善意与关怀，这是形成回避型依恋的典型原因。

另一种反应是，在与迟钝的父母共处的过程中，孩子会受伤、悲叹。偶尔有些时候，孩子还要照顾父母，即便受到来自父母的负面影响，还是得与父母共同生活下去。这时，孩子往往会向其他具备共情能力的人寻求安慰。在这种情况下，回避型父母的孩子很容易成为焦虑型依恋者。他们活得比一般人更加小心翼翼，非常懂得看人脸色。

要说哪种孩子活得更轻松，答案当然是前者。孩子情感迟钝，就不会受伤，情绪也更加稳定。而后者不仅会变成焦虑型，在长久遭受父母施与的心灵创伤后，还可能呈现出混乱型倾向。

因此在短期内，焦虑型和混乱型人类会暂时增加，不过从更长久的维度来看，回避型人类将不断增加，与前者达到均衡。所有人都变得迟钝，对他人漠不关心，反而便不会引发新的问题。某种意义上讲，这就是"劣币驱逐良币"，只要遵循弃难就易的原则，就能营造出均衡的状态。听起来略显可悲，然而这就是驱动现实运转的原理。

20 世纪 90 年代后，呈现大幅度增长趋势的是回避型，而非焦虑型。在发达国家，女性进入职场，离婚人数增多，育儿的重要性被推后。没过多久，边缘型人格障碍等情感障碍群体的人数也开始急速增长，这些症状与焦虑型及混乱型群体的增长关联尤深。

然而在北欧等地，对职场女性的支持措施细致到位，对留守儿童的保障措施也非常全面，边缘型人格障碍的增长趋势也随之趋于平稳（其他国家和地区则依然在增长）。但这并不意味着情感障碍的问题真的消失不见了，而是人们已经不再期待感情，变成了回避型，政府的举措便足以保持社会平稳。

总之，如果人与人之间的沟通交流不够、感情受创，最先增加的就是希望得到更多关怀、过度寻求情感慰藉的焦虑型，以及饱受情感创伤之苦的混乱型。不过，事态进一步发展后，人们会干脆放弃情感需求，大幅降低期望值，此时回避型便会持续增多。

从社会整体来看，虽然焦虑型依恋与随之而来的情感障碍会在短时间内激增，但人们渐渐都会转变为回避型，伴随回避型而生的相关问题才是核心所在。

焦虑型试图找回分量不足的感情与关怀，他们依然有需要满足的渴求。因此，在物质丰富、精神富足的社会里，焦虑型更有可能增多；而在情感淡漠、人心紧绷的环境里，焦虑型只能大幅降低自己对感情和安全感的期待，回避型就会由此增多。

事实上，从更久远的时代开始，回避型已经在持续增加了，但当时它在所有情感障碍中占据的比例相对较低。或许正是因为这个原因，回避型在过去几乎没有引起过太多关注。随后不久，回避型的数量开始逼近焦虑型。与数量保持稳定的焦虑型相比，回避型一直在持续增长。

举个例子，把以焦虑型为基础的边缘型人格障碍和以回避型为核心的自闭症谱系障碍进行对比就会发现，尽管如今边缘型人格障碍也是一个十分严峻的问题，但它与自闭症谱系障碍的患者人数多少已经发生了逆转，过去占比还不到1%的自闭症谱系障碍已经涨到了4%～5%，超过了一般认为占比为2%～3%的边缘型人格障碍。如果把回避型依恋包含在内，欧洲有三成成年人都患有自闭症谱系障碍，日本的年轻一代里患病人数则恐怕有半数以上。

这一全新局势正是一种更为长期、持续的变化的开端，有可能改变整个社会。这就是本书的主张。

开启新型进化之路

我们基本可以确定，自闭症谱系障碍患者人数的增长与一个要素相关，那就是晚婚晚育。母亲也好，父亲也好，一个人成为父母时的年龄越大，孩子患自闭症谱系障碍的风险也会随之增大。大龄导致的卵子、精子质量下降应该也是原因之一。反过来看，有自闭症谱系障碍基因的人本来就可能结婚偏迟。其实，自闭症谱系障碍儿童的父母很多都属于高学历、高收入群体，这与注意缺陷多动障碍在过于年轻的父母与经济贫困阶层中更为常见形成了鲜明对比。

既然晚婚晚育不利于繁衍后代，自闭症谱系障碍又与晚婚晚育倾向相关，那么按理来说，自闭症谱系障碍的发病率应该已经得到了抑制，很难出现爆炸式增长的趋势。其实，很多患有自闭症谱系障碍的人根本不会结婚，这非常不利于繁衍后代。自闭症谱系障碍之所以在很长一段时期内都没有获得社会的关注，除了平时极其少见以外，大概也是因为他们很难留下子孙后代。即便如此，现实却是，自闭症谱系障碍人群正在大幅增长。

对于这一状况，大致有两种解释。一是自闭症谱系障碍其实很容易受到环境因素的影响。受成长环境与信息通信环境剧变的影响，拥有这类特征的人逐渐增多。在这种情况下，如果忠实遵循自闭症谱系障碍的定义，认为它是一种很大程度上受遗传因素影响的神经发展障碍，那么大部分后来出现的自闭症谱系障碍，或许应该被称为回避型依恋才更合适。

另一种解释是，对拥有部分自闭症谱系障碍基因的群体来说，他们能够适应的有利环境正在不断扩展，因此，这些遗传基因就被环境所选择，得以保存下来。

除了个体的自主适应以外，环境还会选择有助于适应该环境的遗传基因变异，在群体层面上令其数量增长，这个机制被称作"进化"。

一直以来，进化的时间都是以百万年为计数单位的。然而后文将会详细讲到，近年来，在环境急速变化的情况下，进化的速度正在加快。

回避型群体的增多或许只是为了适应环境的剧变而出现的，如果把随之出现的自闭症谱系障碍群体增多这一遗传基因层面的变化也考虑在内，那么或许可以得出这样的结论：环境选择的过程正急速作用于人类群体。

很多现代人感受到的困境，虽然也可以看作无法完全适应急速变化的环境而产生的不适，但从根本上说，或许是因为没有跟上稳定的新型进化而产生的痛苦。

进化过程中存在无数细小的分支，多数分支最终的命运都是行至末路。但当一些分支突破壁垒，进入稳定状态后，新的物种就会出现。不，或许应该这样说，人类已经突破了传统的进化，掌握了培育新型物种的技术。

我们可以透过露出地表的巨大地层，亲眼看到远古地质时代的变化痕迹。而如今，我们可能正在活着见证地质变化的瞬间。这是能与地质学上的大变化、大进化相媲美的前所未有的盛事，但同时又是极其寻常的日常风景，我们时时刻刻都在体验感知，想想实在令人震惊。这种感觉就好像乘着无限接近光速的宇宙飞船，穿梭在历史的时光之中。

第 3 章

失控的进化

进化的速度不减反增

人类的进化在过去 1 万年间几乎处于停滞状态。即便是在进化程度更高的哺乳动物中，人类的进化也处于上层地位，已进入完成阶段，今后大概不会再出现生物学意义上的进化现象了。再说了，进化是以几十万年、几百万年的时间计算的，区区 1 万年实在太过短暂。

自 700 万年前人类诞生于非洲以来，超过 20 个人类物种出现又灭亡。在此期间，人类的大脑逐渐变大，自 240 万年前的能人开始，大脑变大的速度越来越快。从能人进化而来的匠人在 180 万年前离开非洲，散落在世界各地。其中有些族群取得了一定程度的繁荣，但最终都没能逃脱灭亡的命运。

30 万年前，新兴的智人从留在非洲（而非分布在世界各地）独自完成进化的人种当中分化出来。智人于 7 ~ 8 万年前离开非洲，走向全世界。

4 万年前，尼安德特人灭绝，自此再也没有敌人可以威胁智人的地位，天下尽归现存人类——智人的掌控。

人类是否已经进化到了恒定状态，这件事暂且不谈。1 万多年前，冰川期结束，气候转好，人们得以获取更多食物，适者生存的淘汰压力得到大幅缓解。工具和火的使用，以及数千年前即已开启的农耕与畜牧活动，使人们得以保存高效的食物，再加上建立在家庭和婚姻制度基础上的社会体系压制了无意义的竞争和争端，不仅使食物、土地的公平分配成为可能，还在一定程度上实现了女性配偶的公平分配。由此一来，淘汰压力进一步缓解。即便体格、体力、能力不佳，只要出生在富足稳定的集体或优势家庭里，人就有了存活、繁衍子孙的众多机会。

随着气候变暖，文明与互惠的社会经济体系建立起来，完全颠覆了适者生存的规律，降低了物竞天择的压力。其结果是，人类身上再也没有出现可以被称为进化的现象。人类学认为，古埃及人和现代人之间并不存在显著的差异。

格雷戈里·柯克伦（Gregory Cochran）与亨利·哈本丁（Henry Harpending）在 2009 年出版的《一万年的爆发》（*The 10000 Year Explosion: How Civilization Accelerated Human*

Evolution）中对这一定论提出了异议。柯克伦与哈本丁最初的专业分别是物理学和社会科学，后来，他们转行进入人口统计学与遗传学领域，有意建立一门叫作"遗传历史学"的学科。《一万年的爆发》就是他们的研究成果总结。

两人认为，人类的进化非但没有放缓，反而在过去的 1 万年里，以比人类诞生 700 万年以来还要快上百倍的速度急速发展着。与古埃及人、古代美索不达米亚人相比，现代人无论从身体、精神还是遗传学上都截然不同。

过去，由于气候条件、地理环境、其他物种的威胁、食物链关系以及随之而来的食物有限等因素，自然环境是进化面临的最大压力。然而，柯克伦与哈本丁认为，以 1 万年前为界，从那时起，人类自主制造的文明才是我们所处的最重要的环境。

比适应自然环境的变化更为紧迫的，是适应人类发明的工具、语言、火等文化环境和工具环境。

举例来说，火的发明与烹饪技术使人们有更多机会吃到柔软的食物，牙齿与下颌于是越变越小。畜牧的出现，使人们即便结束了哺乳期，依然能喝到牛羊奶。消化奶需要一种叫作乳糖酶的乳糖分解酶参与，然而最初的乳糖酶会在哺乳期结束后停止工作，后来它突发变异，使得一部分人拥有了哺乳期结束后乳糖酶依然继续工作的遗传基因，这种基因随即急速扩张，因为拥有这种基因有利于人的生存。不过即便到了如今，依然有人缺乏乳糖酶，一喝牛奶就会腹泻。

《我们为什么睡不着》
让你失眠的，
也许正是担心自己睡不着的焦虑。

《别丧了，一点也不酷》
摆脱无力感的积极人生创造法

《建立边界感》
每个人都应该
且仅应该对自己的人生负责！

《回避型人类》
从人群启动物到数字化幽灵，
回避型的新时代即将到来……

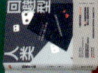

《社恐自救指南》
千万不要因为害怕社交
而错过自己珍视和心爱的事物！

?

《家人的使用说明书》
与家人和谐共处的四大法则

新人类心理丛书

农业改变人类

柯克伦与哈本丁认为，从遗传学的角度看，人类的进化速度同样加快了百倍，其依据是威斯康星大学人类学系的霍克斯（John Hawks）等人于 2007 年发表的论文《近年人类适应性进化的加速》[1]。

对比黑猩猩与人类的 DNA 碱基排列可以发现，两者的 DNA 碱基排列差异仅有 1% 左右，不同的部分是黑猩猩与人类分化后产生的变异。变异会随着时间的流逝渐渐消失，但越有用的变异越容易被保存下来，并向其他个体扩散。因此，只要研究这 1% 的不同中保存下来了多少、出现的频率如何，就能知道它是最近（其实也有几千年了）发生的变异，还是几百万年前就已经存在的。

采用这个方法调查研究后，学者们发现，大约从 1 万年前起，

[1] Hawks et al., "Recent acceleration of human adaptive evolution." *Proc Natl Acad Sci USA.* 2007 Dec 26；104 (52)：20753-20758.

有用的变异出现的频率急速增长，甚至多达以往的 100 倍。这一时期恰与人口急速增长的时期重合。霍克斯等人由此得出结论，认为随着冰川期结束，人口猛增，文化与生态学意义上的环境变化使得人类的适应性进化开始加速发展。

冰川期结束，环境朝着利于人类生存的方向发展，这非但没有使淘汰压力得到减轻，反而引发了人口猛增，进一步加剧了淘汰压力。

柯克伦与哈本丁的著作以霍克斯等人的研究成果为基础，进一步发展了霍克斯等人的结论。柯克伦与哈本丁认为，导致进化加速的最重要原因是人类掌握了语言，而农业生活的开启又进一步起到了推动作用。

同畜牧业和农业尚未出现时相比，在农业广泛普及，由此积攒的财富孕育出了城市和庞大帝国的 1 万年间，欧洲的人口规模增加了百倍。人口的增长成为生存压力的来源，加快了有利于人类生存的变异，把进化的速度提升了百倍不止。人类的进步不仅体现在文化上，也体现在遗传基因上，这就是霍克斯等人以及柯克伦和哈本丁的结论。

定居生活和人口增加在城市里种下了文明之花。然而与此同时，它们也连续不断地向人类丢出了新的问题。生产力的确在爆炸式增长，但人口也在同步增长，再加上来自国家的掠夺，平民的生活水平非但没有改善，人口密度的增加还引发了卫生状况恶化与瘟疫横行。

与狩猎采集者那种富含蛋白质及维生素的饮食结构相比，农耕者的饮食以碳水化合物居多，就算吃得饱，也依然会面临营养问题，受到维生素缺乏及各种营养不良问题的困扰。其结果是，农耕者的身高降低了 10 厘米以上。平民因饥荒或瘟疫而死，使农耕者的人口保持了平衡态势。

农业技术的发展带来了整个物种的繁荣，然而从个体层面来看，人们并没有因此变得更加富足、幸福。甚至可以说，农业技术剥夺了人们自由选择向往的生活场所、摄取营养均衡的饮食、不受任何人控制、与自然万物共存的空间。

在此之后，人类不止一次体会到，技术虽然能带来眼前的繁荣，却带不来个人的富足与幸福。然而，已经获得的文明无法再倒退。无论生活多贫困，多凄惨，想要存活下去，就只能不断前行。

这一过于残酷的现实进一步加大了人类面临的淘汰压力，成为促使适应性变异，也就是进化增多的重要因素。身高的降低也是适应性变化之一。对于农耕生活而言，狩猎采集所需的高个子是无用的，反倒是矮个子的能量效率更高，更加适应狭小地区的定居生活。肤色变白也是适应性变异的结果，为的是让太阳光更易抵达皮肤，补充短缺的维生素 D。以碳水化合物为主食后，拥有防止血糖值上升的变异对生存更加有利。事实上，这一变异早在人类进入农业时代之初就开始扩散了。

适于农耕生活的遗传性状已在长期实行农耕的地区普及开来。顺从、忍耐、勤勉就是性状之一。与好奇及注意缺陷多动障碍关系颇深的多巴胺 D4 受体多态性（出现频率高的遗传性变异被称作多态性）在中国等东亚地区极其少见，在游牧民族与狩猎采集者身上则频繁可见。追求新奇刺激的性格完全不适合受到狭小土地束缚的农耕生活。统治者也会排斥性格叛逆、不遵守农耕生活规则的群体，不断对他们施加各种管束，最终导致拥有强烈好奇心的遗传基因成为人们在农耕社会里繁衍生息的阻碍。

多巴胺 D4 受体多态性同时也是引发人们成为最不安定的混乱型依恋者的风险因子①。柯克伦等人没有察觉，在东亚的农耕社会里，这一类型的遗传基因多态性出现频率很低，有助于依恋的安全。农耕社会会孕育和维持安全型依恋。

狩猎采集者必须分享猎物，很难积累财富。农耕者则必须守住自己的土地和作物，否则就会饿死，与此同时，他们也可以积蓄剩余的收获。农耕者执着于自己的土地和财产，为了保护所有物，他们重视秩序，甘愿接受强权的支配。通过辛勤劳作、点滴积累，农耕者中也出现了一批使得自己的土地和财产不断增加的成功者，他们积攒起来的财富孕育了新的阶级与产业。

① Lakatos et al., "Dopamine D4 receptor (DRD4) gene polymorphism is associated with attachment disorganization in infants." *Mol Psychiatry*. 2000 Nov；5 (6)：633-637.

智能提升及其代价

在积累了财富的成功者中，进一步出现了通过买卖、交易、金融等商业活动获得更大成功的人。财富生产财富，逐渐形成巨大的资本，由此出现了运用、管理资本的新兴技术与职业。能够阅读文字或数字、具备算术和记账能力的人开始以专业人员的身份在社会上活动，法律、先例也成为特权阶级独有的专业知识与修养。人类不仅掌握了语言，更能通过操纵完成度极高的符号，管理越来越繁杂的信息，预测未来，有计划地完成困难之事。

这些事情之所以能够实现，背后离不开人类语言、数理能力的飞跃式提升，然而过去人们只把这样的变化看作文明进步，没有想过这也是生物学意义上的进化。对此，柯克伦等人认为，语言、数理能力的提升是伴随遗传基因变化而生的生物学进化的结果。

把在英国发现的 450 年前及 650 年前的人类遗骨与现代人进行比较就会发现，数百年间，人类的额头变宽了 15%。额头部位对应着大脑的前额叶，也就是说，现代人的前额叶在区区数百年间肉眼可见地变大了。与之相应的是，近年发现的新变异很多都与中枢神经系统的生长发育有关。这些变异受到地域限制，想必存在的时日并不长。可以说，这类变异以越来越高的频率出现，说明施加在大脑神经系统上的淘汰压力增强了。

在群体层面，这一类变异更加凸显。柯克伦等人将目光放在阿什肯纳兹犹太人身上。阿什肯纳兹犹太人遭到驱逐，散落于世界各地，然而在迁移地，他们依然不断遭受排斥与压制，形成了孤立的遗传基因群体。阿什肯纳兹犹太人最初通过商业交易积累资本，不久后开始专门经营借贷生意。要想取得金融成功，就必须擅长处理数字与文字信息。这样的淘汰压力施加在遗传隔离的群体中，便使得有利于适应环境的变异得以高效积累。

最终，在短短 1000 年里，阿什肯纳兹犹太人的智商平均值比其他民族高出了 12% ~ 15%，智商超过 140 的超级优秀人才占比是其他民族的几十倍。其结果是，很多重要的科学发现都出自这个人数极其稀少的民族。据柯克伦等人所说，截至 2007 年，阿什肯纳兹犹太人在获得科学相关诺贝尔奖的美国人里所占的比例超过了 1/4[①]。

然而，提升智力的进化也同时伴随着其他代价。为了优化神经系统功能，连接神经细胞的神经纤维必须极为活跃。轴突与树突等神经纤维发育良好当然对人有利，可一旦超过限度，就会引发神经系统疾病。阿什肯纳兹犹太人患泰伊－萨克斯二氏病、尼曼匹克氏病等先天性神经系统疾病的概率奇高。

阿什肯纳兹犹太人承受着唯有提升智力才能存活下去的淘汰压力，导致他们哪怕付出罹患神经系统疾病的代价，也要获得高度发达的认知功能。即便背负着这样的残障风险，他们也要获取发达的智力，因为这有利于他们的生存与繁衍。

出现在阿什肯纳兹犹太人群体里的高智商现象前后历时千年，而回避型人类形成的时间则更短。仅仅用时两三代，尚且不足百年，便已经在不止一个民族之中，而是包括多个现代国家在内的广大地区里，都能够观测到回避型人类出现的趋势了。从这个意义上看，回避型人类的诞生是一次前所未有的变化。

---

① グレゴリー・コクラン、ヘンリー・ハーペンディング『一万年の進化爆発』古川奈々子訳　日経BP社　2010。

　　就进化速度而言，百年之于千年，意味着速度的进一步提升。是不是可以说，进化正以几乎失控的状态，朝着无人知晓的终点突飞猛进呢？

《未来简史》中的未来人类图景

一位出众的犹太人尤瓦尔·赫拉利（Yuval Noah Harari）出版了《未来简史》（*Homo Deus*：*A Brief History of Tomorrow*）一书，书中虽未直接提及柯克伦和哈本丁所著的《一万年的爆发》，却有不少论述与《一万年的爆发》观点重合。

赫拉利在《未来简史》开篇中说，人类认为，从前横亘在人类面前的三大难题——饥荒、疾病、战争均已处于可控状态[①]。虽然他生活在以色列，在那个火箭弹和爆炸式恐怖袭击依然时时威胁着人们的生活的地方，得出这样的认知实在令人感到惊讶。但赫拉利说，在此之后，人类面临的新课题是如何永葆青春以及获得永生。

或许，从很久以前开始，不老不死就已经是人们追逐的梦想了。然而时至今日，别说不老不死了，一些人甚至企图自杀，在花样的年纪里伤害自己的身体，把死亡当成最好的救赎。作为一

[①] ユヴァル・ノア・ハラリ『ホモ・デウス　テクノロジーとサピエンスの未来（上）（下）』柴田裕之訳　河出書房新社　2018。下文赫拉利有关人类史及未来的理论均依据此书。

个每天都与这类群体接触的人，面对向往不老不死的乐观论，我不禁感受到一股误将单纯的科幻小说当作现实的扭曲感。然而赫拉利勾勒的未来人类图景，正是以此为前提展开的。

这部分论述确实只是没有依据的空谈，然而在赫拉利的笔触及令人心惊的数据加持下，不知不觉间，人们会忘记前提条件的虚妄，忍不住一直读下去。读到书中提及谷歌开始认真研究如何实现永生的内容时，读者几乎会忘记去质疑永生是否真有实现的可能，反而感受到十足的可信度。这就是信息的魔力。

从神到人：人类至上主义

医学界人士大都了解，世界上已经有了永生的细胞。学界一直在培育永生细胞株，然而细胞的永生与人的永生之间仍有着天壤之别。即便永生成为可能，我也确信，它将导致所有人类自杀，主动迎向自己的末日。永恒的生命就是地狱，像永不熄灭的业火，至少对以往的共情型人类来说是这样。如果有什么人不认为它是地狱，那应该就是回避型人类了。赫拉利恐怕也是回避型人类之一吧。

赫拉利说，如果人生有 120 年，那么养儿育女在一个人的生命里将"只是一段小小的插曲"。然而对仅仅为自己而活的人来说，幸福是什么呢？赫拉利提到了伊壁鸠鲁、释迦牟尼等人认为享乐并不能保证人们获得幸福的思想，同时也注意到了物质条件远超古代的现代人反而自杀率异常之高的现实。讽刺的是，福利优厚、国民生产总值高的发达国家，民众的自杀率也很高。赫拉利自己也发觉，自杀并不是通过给予民众足够的快感和欢乐即可解决的问题。

然而，他提出的科学解决办法，是无穷无尽地给予民众欢乐，以此让民众获取幸福，即让人类掌握不老不死的秘诀。与此同时，人类还要接受改造，变成"能够享受永续快乐"的人。赫拉利将这一方法体现的价值观与思想称作"人类至上主义"。他说，人类至上主义的终点是获得"神性"，也就是说，人类要成为神。

智人的登场使人类进入了改造环境的时代，以地质学概念来划分时代从此失去了意义。赫拉利认为，自从大约 7 万年前，现代人种智人登上历史舞台以来，地球就结束了"更新世""全新世"，进入了"人新世"，因为人类具备了战胜气象、地壳变动与天崩地裂带来的灾害的能力，开始根据自己的需求改变生态系统。案例之一就是，人类与人类饲养的家畜占据了在地球上繁衍生息的大型生物数量的九成以上。百兽之王狮子，以及体形远超人类的大象、长颈鹿，都成了只有在动物园或自然保护区才能见到的生物；人类厌恶的动物，以及皮毛、牙齿为人类所喜爱的动物，则陷入了濒临灭绝的境地。过去，所有动植物的生存都要依靠自然选择，在自然选择的影响下发生物种进化；而如今，对它们加以选择的不再是自然，而是人类。人类不只通过放火驱逐、杀戮等方式直接下手，还在无意中带入外来生物或病毒，转眼间就能灭绝栖息于当地的原生动植物，改变生态系统。

农业革命使得人类的优势全然压倒了自然，换言之，农耕与畜牧活动使得人类开始积极地利用自然。与从前的狩猎采集者不同，农耕者开始把自然和动物视为自己的所有物。对狩猎采集者来说，动物与人类处于同等地位；而如今，动物成了支撑人类生活的角色。狩猎采集者在人与人的相处中同样秉持平等主义，而随着农业活动的开启，人与人之间出现了上下关系与支配关系。

与农业革命的发展并行的，是引入了神明概念的宗教。过去，人们认为自然事物本身就是神，是崇拜的对象。神掌管着人与其他生物之间的秩序，受到人类的崇拜。形似人类的神对人类怀着善意，然而一旦人类偶然间搅乱了神定下的秩序，神也会发怒。为了平息神的怒气，人们就向神供奉动物作为祭品。用吉本隆明的话来解释，那就是归根结底，神是人类为引入秩序创造出来的共同幻想。赫拉利则直截了当地称之为"虚构"。

农业革命带来了人口的爆炸式增长。村庄不久就变为城市。然而，一个人真正能够记住长相并维持亲密关系的人数上限只有150。依存于亲密互信关系的社交能力是在集体规模最多数十人的狩猎采集时代进化出来的，此时的社会规模已经变得庞大而复杂，完全超出了人类在狩猎采集时代培养出来的社交能力可以掌控的范畴。于是，凝聚庞大群体的虚构就有了存在的必要，成为法律、圣经、抽象的概念。虚构是现实中并不存在的观念，尽管如此，它却强有力地支配着群体里的每个成员。成员共有的虚构赋予世界意义，驱动着庞大的人类群体的运转。

科学革命爆发以来，统治人类的虚构就成了人类至上主义。人类至上主义宣称人类可以得到与神类似的力量、做到任何事情，人的地位最高。秩序和意义不再由神定义，人的自由意志和情感才具有决定权和赋予意义的权力。

然而，得到全能的力量、取代神的地位，同时也意味着人类失去了神制定的秩序所赋予万物的意义。为了证明自己是造物主，人类必须不停地创造意义，然而这样的举动缺乏不可撼动的依据支撑，因此人类只能不断证明自己的力量，不断朝着成长与发展的方向奋力奔跑。

即便如此，人类还是相信，遵循自由意志做出的选择和行动才是有意义的。如"选民最懂""消费者最懂"等说法所表达的一样，对大众的自由意志寄予最多信赖的思考方式，体现的正是赫拉利所说的"人类至上主义"。人类至上主义认为，坦率遵从自己的感情与自由意志才是有价值的，因此体验新经历、磨炼自己的感情，就等于锻炼自己。艺术、哲学、文学、人们的生活方式与获得乐趣的方式、商品与服务，都是对人的感情与自由意志的追求。

从人到人工智能：数据至上主义

然而，自由意志中却出现了怪象。在信息革命爆发后，人工智能似乎反倒比人类自己更了解人类个体，更能够恰当地判断每个个体面临的问题。所谓的自由意志，仅仅是信息操作的结果而已。人们只不过是通过网络接受欲望和情感激发，自动做出反应罢了。

智人原本相信自己可以基于自身的智慧和自由意志来判断事物，如今这一信心被大幅动摇，已经变成了幻想。民主主义同样如此。把决定权交给人类自由意志的举动，不断让人类犯下愚蠢的过错，引发了独裁、战争等恶果。

人类中还出现了被技术与人工智能夺去工作的"无用阶级"。熟练的技艺完全可以被人工智能的算法取代。如今，没人相信人类能够通过自己的智慧做出最合适的判断了。人类面临的是风险，是对犯错的畏惧。越重要的事，越要交给人工智能和机器人来做，这样的时代正向我们走来。人类至上主义突然间失去了支撑——人类对自由意志的信赖，正在走向崩溃。人类的自由意志危险而不可靠，正是制造错误的来源。非但如此，人类自身还变成了无用的多余之物，不只没有生存的意义，更将成为不易安放和处置的大件垃圾。

无用阶级会变得无所事事，留给他们的或许只剩下毒品和电子游戏。

人类相信自己能够通过科学发挥神力的时代临近终结，将一切交托给人工智能的时代即将来临。人工智能可以通过操控海量信息来操纵愚蠢的人类，可以在瞬间做出正确的判断。赫拉利说，人工智能刚开始只是友善的建议者，但它终将获得人类的全然信赖，逐渐成为掌控一切的君主。

到那时，信息会最大限度地受到重视，谁能够处理海量信息，就将拥有最强大的力量。赫拉利将统治这个全新阶段的世界的宗教称为"数据至上主义"。他还说，在未来由人工智能管理的数据至上主义世界里君临天下的，将是一部分精英群体，即神人。超越智人的人种会独占人工智能的管理权限，形成统治阶级。

升级换代的新人类无论在身体还是认知能力上都会拥有异于以往人类的特征。医学存在的目的不再是治病，而是升级人类，让他们得以享受拥有漫长生命与年轻活力的完美身体、高度发达的智力、不知疲倦的精神等种种特性，受惠最大的将是部分特权阶级，无用阶级将在短时间内出现分化，阶级内部人与人之间的差距会变得像人与猿猴之间的差距一样巨大。

另一方面，就像曾经与人类对等的牛羊被畜养成家畜，成为榨取肉和奶的工具，在这个过程中逐渐丧失了情感功能一样，成为无用阶级的人也可能丧失他们在社会上的劳动价值，产生退化，逐渐失去对其生活而言并非必要的能力。

最后这段话并不是赫拉利说的，然而可以预见的是，如果阿什肯纳兹犹太人的智力继续加速发展，他们可能就会成为最接近神人的族群。

在赫拉利看来，数据至上主义的终点是万事万物都被视作数据处理系统，组装进全球化的数据处理网络之中。每个人都不过是数据处理系统的终端，与更上层的系统连接，受到上层系统的管理。

人类个体不具备意义，唯有个体与大型数据处理系统的连接才有意义。为了对连接赋予意义，数据处理系统大概将为人类准备能让每个人乐于接受的"意义"，也就是虚构。个人的思想与感情只有在被数据处理系统表达、分享后才会具备价值。然而驱动这一机制运转的，却是既没有意识也没有意义的算法。

未来已来

赫拉利勾勒的未来图景就到此为止了。

霍克斯、柯克伦等人认为人类活动本身是取代自然环境、催生人类进化的原动力，赫拉利进一步阐发了他们的思想，认为人类的活动不仅推动了自身的进化，还左右了地球上所有生物的生存与进化，具有压倒性的力量。如同神能够焚毁大地、发动洪水冲刷万物一般，人类取代了神，做出了同样的举动。

过去，推动进化发展的是自然，统治自然的是神；如今，人类取代了自然和神，手握选择权。人类的力量因科学进步而成为压倒性的绝对强权。时至今日，动物只不过是人类为生产肉制品和乳制品而建造的高效能工厂中的一环，阻碍人类的"害虫"则遭到无情的抹杀。事实上，只要愿意，人类可以把地球上的全部生物抹杀很多次。自然选择还有什么意义呢？手握选择权的只有人类。人类喜爱的物种可以繁荣发展，一旦失去人类的喜爱，它们就会迅速消失。

在底层驱动着世界的，是认为人类即神的人类至上主义。霍克斯、柯克伦等人认为人类自身能够变为环境、影响自然选择，到了赫拉利这里，则进一步发展为人类如神一般左右一切的思想。

然而，人类的地位又将被自己创造的信息处理技术夺走。只有人工智能才能控制高度发展的信息处理技术，人工智能出现故障、失去控制的时候，只有一小部分专家才能解决问题。人类将出现阶级分化，分为虽然被人工智能剥夺了职业，但还是能凭基础收入顺利生活下去的普通民众，以及拥有特殊能力，可以通过人工智能掌控世界的一部分超级精英群体。

今天，以苹果、谷歌为首的精英群体，掌控着沉没在信息汪洋中挣扎求存的大部分民众，上文描绘的图景，或许只是把如今的情形换了个说法而已。它并不是预言，而是早已成为现实。

重点是，在这样的情况下，世界上将会诞生怎样的人类，怎样的社会。要想对此进行深入思考，首先要思考一个起决定性参考价值的问题，那就是支撑着生物学意义上的生存基础的依恋机制会如何变化。

依恋机制不容忽视

赫拉利描述的人类历史，在谈到未来时尤为轻视，甚至几乎等于无视的一点，就是依恋机制。人类进入高度信息化的社会生活后，依恋机制会发生什么样的变化呢？相比于"晋升神人的精英阶层将会控制无用阶层"这一选民思想浓厚的历史观点，上述问题更加迫切，也更具现实意义。因为，当我们从生物学的观点出发，思考人类的存续时，依恋机制的变化很可能从根本上改变人类的生存状态。而且，它在目前已经使人类出现了回避型增加的显著变化，其影响迫在眉睫。

依恋机制之所以非常重要，不仅在于它与感情生活、育儿有关，更因为它牵连着人类的身心健康以及生存意义。赫拉利认为，对万事万物赋予意义的是集体共同的"虚构"，然而一旦依恋机制崩溃，任何虚构恐怕都不可能被人类共同接受，人类生存的意义也将不复存在。

与之前相比，20 世纪中叶以来，饥荒、疾病、战争是否真的已经在很大程度上得到了控制，这一点姑且存疑。假设事实确实如此，假设梦想中的富裕社会真的实现了人类不老不死的愿望，我们依然应该把更多的注意力放在如何解释很多人主动结束生命的社会现实上，不是吗？无论生活多么富裕，只要生存本身失去了意义，那么如神一般的全能力量也好，能对一切问题给出最恰当解答的人工智能也好，都将变得毫无用处。

如今，在被人类至上主义支配的世界里，很多人都觉得自己很不幸，丧失了生存的意义。数据至上主义大概会进一步剥夺这些人的生存意义。因为数据至上主义与动物通过彼此关照建立起来的联系，即依恋机制无法相容。

最后的胜利者神人就能拥有生存意义吗？成为神一样的角色之后，他们真的能一直幸福地生存下去吗？这个问题尚未可知。

大数据给出的最优解，以及祛除痛苦、带来欢乐的医疗技术会把他们从苦恼中解放出来吗？如果技术发展到可以通过经颅磁刺激（TMS）之类的物理疗法或遗传基因改造来消除人类的烦恼或心灵创伤，人类就能在没有烦恼的世界里永远幸福地生活下去了吗？

至少，对共情型人类而言，这一招还是很难奏效的。或许，共情型人类就是为了感受生存的意义，才有意让自己痛苦，伤害自己的身体。无论生活多么舒适，多么无可挑剔，他们都必须与虚无感作战，死亡的冲动在某一瞬间突然袭来时，他们便有可能就此交出生命。

共情型人类之所以如此，是因为他们要想接受共同的虚构所赋予的意义，就必须和其他人建立联系。唯一能让联系成立的就是依恋机制。所以，如果哪一天他们不再为虚无所扰，那一定是在依恋机制完全退化，令他们脱离依恋，变为回避型人类的时刻。

阿什肯纳兹犹太人提升 12% ~ 15% 的智力必须以泰伊 - 萨克斯二氏病及尼曼匹克氏病患者增多为代价，每 27 个人里就有 1 个拥有泰伊 - 萨克斯二氏病的劣质基因。但即便如此，在自然状态下，人们的发病率也仅为 0.2%。实际上，还可以通过产前诊断大幅减少患病人数。

然而另一方面，回避型人类出现的趋势在速度和规模上远远超出了阿什肯纳兹犹太人智力进化的速度与规模。因此，与之相伴而生的副作用会进一步加剧，发展为前所未有的巨大规模。

　　人类的情感急剧淡化，对养儿育女造成阻碍，人类对育儿本身采取回避态度等，这些都将导致种种情感障碍的大规模爆发。某种意义上，这可能是孕育回避型人类所必经的分娩阵痛，也可能是人类灭亡的序曲。

第 4 章

回避型人类诞生

小进化与大进化

　　具备某种性状的个体诞生后，如果该性状有利于个体的存续，就会向个体所属的整个物种扩散。于是，物种逐渐发生变化，这就是"小进化"的演化过程。

　　与此相对，形成全新物种这种飞跃性的巨大变化就叫作"大进化"。大进化是如何产生的，现代进化理论尚未彻底阐释清楚①。主流的进化理论（新达尔文主义）认为，变异是随机产生的，大自然会从中挑选出有利于生物存续的变异。这一理论很好地解释了小进化现象，却无法阐释大进化出现的原因。学界一般认为，环境的剧变、部分群体长期孤立于外界等或许是大进化得以出现的重要原因。在杂交现象已不可能发生的情况下，某一物种要出现分化，就必须产生基因变异。

　　众所周知，栖息于加拉帕戈斯群岛、澳大利亚等地的动物独立完成进化，形成了仅存于当地的固有物种。不过，地理隔离导

---

① 池田清彦『進化論の最前線』集英社インターナショナル　2017。

致的物种分化，必须经历相当漫长的一段岁月才能够完成。数万年的时间太过短暂了，甚至在有些情况下，即便地理隔离的状态维持了长达 500 万年，物种也不会出现变异性进化。

现代人种分别进入了欧洲、东亚及新几内亚、美洲、澳大利亚，地理位置分散。举例来说，进入美洲大陆的美洲原住民与进入欧洲大陆的欧洲人，是在哥伦布"发现"美洲大陆、西班牙人抵达美洲时才再次相遇的，其间已过去数万年的时间。即便如此，两者间还是能够交合，繁衍出子孙后代。因为数万年的隔离时间过于短暂，还不足以演化出新的物种。

然而，假设两者的再次相遇发生在数十万年之后，他们彼此之间就会出现显著的基因差异，即便还能交合，恐怕也很难繁衍出子孙后代了。

总而言之，在当今这个一天之内就能抵达地球彼端的时代，地理隔离已经不再可能。从这个意义上看，当今时代很难出现大进化现象。这是常识。

智人如何取代了尼安德特人

拥有语言的人类有可能形成大规模群落，然而根据社会脑假设，两者的顺序恰恰相反。一般认为，正是群体规模扩大，才使群体进化出了用于复杂沟通的语言能力，以及看透他人所想、钻对方空子的社会能力。

事实上，现代人种与尼安德特人之间的一个显著差异就在于，现代人种擅长运用语言及各种工具，还形成了大规模的群落。尼安德特人拥有强壮的体格，运动能力及视觉能力也很出色；现代人种则借助高超的语言能力实现了共同劳动和集体统筹，传承、积累了技术及知识。由此，即便人口增长，群落规模扩大，现代人种依然能够维持群落的运转和发展，最终在以狩猎采集为生的人类群体中占据了有利地位。

直至不久之前，学界还普遍认为狩猎采集者奉行和平主义，彼此之间几乎不存在地盘之争。然而近年来，人们在肯尼亚发现了 27 具疑似因为争夺地盘而遭杀害的人体遗骸，由此引发了广泛关注①。其中，疑似暴力致死的遗骸占比超过一成。因此也有研

---

① Mirazón et al., "Inter-group violence among early Holocene hunter-gatherers of West Turkana, Kenya." *Nature*. 2016 Jan 21 ; 529 (7586) : 394-398.

究人员认为，以狩猎采集为生的人类群体内也存在为数不少的争端[1]。而在日本的狩猎采集者绳文人中，出现类似外伤的人体遗骸比例仅为 1.8%，也没有发现大规模战斗的痕迹，研究人员据此推测，至少绳文人还维持着和平的生活方式[2]。

进入欧洲的现代人种，是类似绳文人的温和族群，还是类似在肯尼亚发现的勇猛族群，这一点无从得知。然而直接也好，间接也罢，他们都逐渐夺走了尼安德特人的食物来源，最终导致尼安德特人陷入灭绝的境地。

距今大约 7 万年前，当从非洲迁徙过来的智人在中东遇上先于他们而来的尼安德特人时，在地盘之争中落败而无奈退让的是智人一方。然而大约 5 万年前，当两者再次于中东偶遇时，胜败发生了逆转。

自那之后，智人又进入了欧洲、东亚、新几内亚、北美，早

---

[1] Bowles, "Did warfare among ancestral hunter-gatherers affect the evolution of human social behaviors?" *Science.* 2009 Jun 5 ; 324 (5932) : 1293-1298.

[2] Nakao et al., "Violence in the prehistoric period of Japan: the spatio temporal pattern of skeletal evidence for violence in the Jomon period." *Biol Lett.* 2016 Mar ; 12 (3) : 2016. 0028.

先已在欧洲开枝散叶的尼安德特人因此于 3.9 万年前灭绝。

话虽如此，尼安德特人走向灭绝的过程毕竟经历了数千年漫长岁月的缓慢演变。在这个过程中，尼安德特人也与现代人种发生过杂交。因此，现代人种的遗传基因里约有 2% 来自尼安德特人的传承。

源自尼安德特人的遗传基因保留了耐寒等有利于物种存续的特性。按理来说，其占比本应更高，之所以只占 2%，据推测，是因为在其后由农耕社会进入现代工业社会的过程中，就人类的存活而言，尼安德特人基因的劣势超出了其优势。

智人取代尼安德特人，成为陆地上的霸主。然而，智人的优势与差异化并不是在一开始就起到决定性作用的制胜关键。细微的差距在经历漫长的时间之后，才带来了重要的命运转折。

物种的框架内包括不断积蓄细微差异，最后完成演变的小进化，与跨越了种族限制，形成另一物种的大进化。柯克伦、霍克斯等人谈论的进化都属于小进化，而不是分化、诞生全新物种的大进化。然而，正如小进化的累积使人类的脑容量得到了爆发式增长一样，小进化同样可能使人类的某一种能力实现大幅提升或大幅退化。甚至可以说，这将造成比物种的分化影响更甚的新物种诞生事件。小进化未必不会引发重大的变化。

生殖选择加速分化

如前所述，物种的分化是由于地理隔离等重要因素，在已经不会产生杂交，又或者即便产生杂交也无法繁殖出子孙后代的情况下出现的。

然而反过来，即便不存在地理隔离，有些情况下也较易出现物种分化，这种情况叫作同域分化。比如，一种栖息于维多利亚湖的名为慈鲷的鱼类，就在短短的 1.5 万年里分化出了 500 多个亚种。

有学者指出，即便交流与繁殖行为引发的变化微乎其微，只要妨碍到杂交，新的物种就有诞生的可能。我们说的大进化，也并不是指形态、能力与以往完全不同的物种突然出现。极为平凡的变化，也有可能导致显著分化的出现。

共情型人类与回避型人类的差异很大程度上正是来源于交流

与繁殖行为。这些差异乍看起来十分微小，却有可能导致物种的分化，这并不是多么不可思议的事。只要两者间隔绝了对话、恋爱、性交的可能性，几十代过后，共情型人类与回避型人类就有可能变成两个不同的物种。

如上所述，进化并不是指某个变异突然导致新物种诞生，而是细微的变异不断累积，逐渐产生重大变异的过程。不过，当变异涉及生殖或求爱行为时，看起来细微的差距也能引发生殖隔离，促使物种在不知不觉中出现分化。

细微的变异时时刻刻都在产生。当变异足以致命的时候，个体还来不及繁衍后代便会死去，因此变异也会倏忽消散。不具特殊意义的中性变异，则会随着时间的流逝不断弱化，最终消失不见。然而，当变异起到的是积极作用时，就会向整个群体扩散，被长久地继承下来。

最终，适应当下的环境、有利于生存的变异留存下来，进化因此不断发展。遗传上的差异其实就像类型上的差异一样，差异双方通常都以一定的比例并存，而非一方独大。这种遗传变异叫作多态。多态数量无限，有很多并不具有意义，但也有一些能够造成特征上的差异。

举例来说，类似狭义自闭症的状态就有为数众多的多态原因，若干不利的变异或多态重叠在一起，就会造成严重的障碍，但如果这样的多态只有一两个，当事人就只会体现出极其细微的异常之处，比如不擅与人相处、不会调整音调、唱歌难听等。

在不同的环境下，一个多态遗传基因既可能起积极作用，也可能起消极作用。如果环境改变后，某种多态基因变得对人有利，同阵营的多态就会增加。

主动改变环境的超级进化

一般而言，遗传基因会随着环境的变化而变化。因此，如果原先的环境发生转变，基因往往就会朝着反方向变化。然而，出现在现存人类身上的现象与以往大相径庭——遗传基因的变化改变了环境，两者的角色发生了逆转。

在此之前，人类也会根据遗传基因的变化来改变环境。不过这里的改变，是指在遗传基因发生变化后，选择与之相适应的环境。举个例子，直立行走在人类还生活在森林里的时候就开始了，由于学会了直立行走，人类有了更多选择，便可以离开森林，来到草原生活。

然而，智人所做的并不是选择适应自己的环境，而是如字面所言，改变自身所处的环境。使用火与工具就是典型的例子，更为典型的，则是农业活动的开始。农业建立在控制自然的基础上，人类不再仅仅从自然中获取有利条件，而是开始操控自然，改变自身所处的环境。

人类主动改变环境，又进一步使得遗传基因随环境变化，从而形成正反馈。在生物世界里，有一种变化，就必定有另一种抹除该变化的变化出现，这样生物世界才能保持平衡。某一物种数量增多，该物种所需的食物数量就会减少，最终导致原本数量增多的物种又逐渐减少。无论是个体生命还是整个生态系统，要想维持平衡，就必须保证负反馈存在。农业的开启打破了遗传基因与环境之间的平衡，自那以后，人类的进化就陷入了失控的境地。

继农业革命后出现的工业革命，在短时间内急剧改变了社会结构与环境，信息革命则在更短的时间内急剧改变了信息环境，开始重建我们的神经系统（神经网络）。

这是一种新型的进化。前所未有的超级进化正在发生。程度与之相当的，大概只有白垩纪结束后发生的那起导致地球上七成以上的物种灭绝，同时也毁灭了恐龙的行星撞击地球事件 ①。

在地球 46 亿年的历史里，这样的大规模毁灭发生过 5 次。如今，人类正以同样的规模抹杀其他物种。数千万年后的地质学者勘查地层时，说不定就会发现地球物种骤减的第六个时期，正发生在我们生活的全新世时代。

只要人类不毁灭，物种大量灭绝的趋势就不会终结。人类必须二选一：是执着追求欲望，最终灭绝；还是为了存续，舍弃贪欲？

但是对智人来说，舍弃贪欲太难了，根本就办不到。也许，智人应该被称作"贪欲之人"，而非"拥有智慧之人"。未来的回避型人类回顾过往，说不定会觉得智人就是无法控制欲望、导致自身大量灭绝的元凶，生来即是恶魔。

---

① Lowery et al., "Rapid recovery of life at ground zero of the end-Cretaceous mass extinction." *Nature*. 2018 Jun；558 (7709)：288-291.

依恋机制与社会形态的冲突

纵观人类历史，我们会发现，人类曾多次跨越父母子女、家人亲戚等基于依恋建立的联系，试图以国家、意识形态等理念重新定义这样的亲缘关系。

无论是"二战"前受军国主义、法西斯主义支配的社会，还是与之截然相反的市民革命、守护民主主义的抗争之举，其意义所在，都是要为了所谓的崇高理念或共同的理想，牺牲自己与所爱之人的关系，以及生命和财产。

然而，这同时也是一种尝试从依恋机制的束缚中挣脱出来，获得自由的举动。宣扬理想的"革命""正义之战"，时常也会演变成恐怖的支配与破坏行径，不过，如果认为被称为共同理想的事物，本质上包含了否定情感羁绊之意，如此一来，我们或许就会觉得，这样的演变其实是必然的结果。

法国大革命为什么会失败

举例来说，法国大革命是一场以自由平等为旗帜，把封建体制逼至崩溃，旨在建立理想社会的大实验。以著名的第一条宣言"人生来就是而且始终是自由的，在权利方面一律平等"作为开头的《人权和公民权宣言》，也就是《人权宣言》，在其后建立近代公民社会的过程中，作为社会的根本理念不断被人们继承传扬。

为了实现这样的理念，一场迅猛的变革借着革命之势全方位引爆了政治、社会、文化领域。在这个过程中，天主教会是遭到重点打击的对象。向来以人与神的联系为途径，以家人间的牵绊、邻里之爱为基础，借此维系社会稳定的天主教，将民众约束在古老的观念里，妨碍了社会革新，因此成为激进派革命势力的眼中钉。

革命派意图建立的，是基于自由、平等与合理主义的理性教会。尽管在不同地区各有差异，但去基督化运动确实开展得如火如荼，并且扩散到了法国全境。"自由""平等""法律""国家"等概念取代了"神""爱"，成为人们崇拜的理念。巴黎圣母院举行"理性庆典",教会变成了"理性的神殿",甚至不少祭司都"叛离旧宗",改信了新宗教。为了防止僧侣蛊惑人心,革命势力严禁僧侣穿祭司服,也不允许他们去教会礼拜①。

学校制度也在同一时期确立起来。当时,有权接受教育的只有贵族和富家子弟,平民都被排除在外。教育机会的剥夺会使人与人之间产生差距,显然阻碍了平等的实现。革命派认为,只要平等给予大众接受学校教育的机会,在学校里向每个人传授基于自由与平等的新型国家理念,就能实现理想中的社会图景。尽管地区有限,革命派还是实践了这样的政策。然而,由于预算、社会资本不足,政治局势又不稳定,他们的实践没过多久就以失败告终②。

出人意料的是,对新理念和学校抵抗态度最强烈的恰恰是民众。比起自由、平等、博爱等理念以及理性的思考方式,民众更乐于坚持自己熟悉的教会和家庭情感。

在这股出人意料的逆向风潮中,斩断固有坚持、推动时代前

---

① 松浦義弘『フランス革命の社会史』p.59-62　山川出版社　1997。
② 同上书,p.52-53, p.63-66。

行的，是被冠以"革命"之名的暴力。国王、王后被推上断头台处死，被划为反革命者的人要么接二连三地遭受私刑，折磨致死，要么被集体逮捕，全面肃清。在这一连串粗暴蛮横的暴力之举下，人与人之间的羁绊也随着传统价值观一同被粉碎。由于情感依恋陷入了不安全状态，社会局势进一步动荡，由此奠定了面向近代化发展的基础。或许我们甚至可以认为，革命的本质意义就是通过暴力制造情感上的不安。

然而，这样的"革命"给民众带来的不幸远远超出了幸福。相较于"革命"变质、转入了错误方向的解释，或许更真实的原因是，立志实现共同价值、将共同价值的地位置于现实中人与人的情感联结之上的行为，其本质属性就是践踏依恋这一支撑人际联结的机制。

以这样的观点来看，宣扬自由、平等、博爱口号的近代市民革命，同时也是针对人类社会的基础机制——依恋的宣战公告。自由当然美好，可一个孩子尚在襁褓中的母亲，如何能从育儿生活中解放出来，发展自己的兴趣，和恋人到处游玩，同时兼顾育儿和自由呢？把孩子放在一边不管、自己出门游玩享乐的母亲，不正是如实行使了自己的权利吗？

博爱这种高尚的理想，对孩子来说特别令人为难。所谓博爱，就是平等地爱每一个人，然而依恋是宠爱特定的人，两者间是对立的关系。

这个崇高的口号要求人们更多地为社会做贡献，而不是把时间、精力放在自己的孩子或家人身上。事实上，托儿所工作人员、护士等人花在其他孩子身上的时间是自己孩子的好几倍，如果讲博爱，他们就该一视同仁，在自己的孩子和其他人的孩子身上花费同等的时间。纳粹德国甚至要求人们把国家和社会放在优于父母亲人的地位上，甚至赞赏告发父母、将其逼入绝境的行为，只要这种行为符合"崇高的理念"。

然而这些试验都以惨淡的失败告终了。从依恋机制的角度出发来看，这是不是只不过证明了，如果试图破坏支撑人类生存的根本机制，就注定无法长久呢？

对人类而言，无论多么崇高的理念，只要违背了依恋机制，基于这种新型理念建立的制度都不会长久。毕竟，人类向来都会在热情冷却后一脚踢开束缚自己的意识形态和崇高理想，重回爱人和孩子身边——至少目前为止还是这样。

工业化带来的依恋机制崩溃

狩猎采集者对土地没有执念，但他们的活动都以家人及家庭组成的集体——部落为单位展开，因此亲人之间还是培养出了情感联结与合作关系。在狩猎采集者的生活中，除了生存，再没有其他更大的欲望了。文化人类学领域的研究也认为，创造出以平等主义与公平分配为基础的社会，是很多狩猎采集者的特征。

与之相对，农耕者定居在一片土地上，固守自己耕种的土地。在这个过程中，他们逐渐接纳了家人以外的人，创造了村庄。超越血缘的地缘关系诞生了，规模更甚于人与人之间的合作关系。村民间也开始围绕土地和资源展开斗争和战斗。建立在地缘基础上的共同体意识发展起来。

随着商业与手工业的兴起，城市蓬勃发展，离开耕地、来到城市的新市民诞生了。城市有着比农村更高的流动性，借由地缘、血缘建立的互信关系很难在城市里维系，以法律契约维持联系的手段由此得到发展。以不同于依恋机制的法律约定和制度为基础的人际关系取代了情感联结。城市化与工业化加速了新型人际关系的发展。曾经既有血缘又有劳动合作关系的家人失去了部分功能，变为仅仅负责养儿育女、给予心灵慰藉的角色。

这样的变化是一件好事，然而，将仅由父母与孩子构成的核心家庭作为提供幸福与安心场所的时代，维持的时间也并不长久，放到历史里看，这个时代几乎是一瞬间就结束了。

很大一部分原因在于，当女性也开始出门工作、夫妻双方都有工作成为普遍现象后，无论是作为育儿场所，还是作为提供安心感的场所，家庭都无法发挥出百分之百的功效。从这时起，依恋机制开始失灵，亲子、夫妻间变得更容易出现裂痕了。

数百万年的狩猎采集时代自不必说，就连人类进入农耕时代后的数千年里，家族联系也一直是人类共同生活的基础。然而就在最多一两百年的时间里，这一基础开始变质，又在区区数十年里急速崩溃。

回避型人类应运而生

为了适应依恋淡化、父母过于忙碌无暇照顾孩子的状况，回避型儿童应运而生。回避型的孩子不渴望温暖的关爱、无微不至的照料，喜欢自己独立应对一切，在不给人添麻烦的同时，只从自己的角度出发思考问题。由于不被人理解，他们也理解不了别人的情绪，在自己与其他人之间画出了泾渭分明的一条线。

回避型的孩子长大后，就成为回避型的成年人。他们养育自己的孩子时会更加冷静、理性，尽量省略费工夫的事情，把自己的人生放在第一位。他们的孩子要么会因为情感需求得不到满足而产生情感障碍，要么会选择避开这个结局的唯一解决之道——也成为回避型人类。如此，一代过后，回避型成年人的数量便进一步增多了。

只要这样的循环多经历几代，回避型人类的增长趋势就会显现于人前。不过，如果变化只发展到这种地步，依然是可逆的，社会形势和价值观有可能再次转变，比起赚钱、工作，人们可能会变得更加在意家庭和孩子，于是回避型儿童的数量就会再次减少，安全型的占比恢复如前。

还有一种看法认为，由于回避型具备缺乏恋爱欲、性欲，比起与人交往，更愿意把心思放在工作上，倾向晚婚、不婚，喜欢游戏胜过孩子等特征，他们对繁衍后代的态度并不积极，即便一时人数增长，不多久也会走向逐渐减少的命运。

然而，人类历史上出现了一则划时代的事件，在加快回避型人类增长速度的同时，正在使回避型人类的增长成为不可逆转的事态。这个事件就是信息革命。

信息革命助推回避型依恋

提到信息革命时，赫拉利说，它把歌颂人类至上主义的人类从万能的宝座上拉下来，贬低为单一的数据终端，剥夺了人类的主体性，使人类成为全球化数据处理系统的奴隶。

而在生物学领域，信息革命最重要的意义在于，它将重组人类的脑神经回路，并完全改变依恋机制。信息处理系统，即大脑，被拉进了连接无限信息的网络之中，忘我地吸收着源源不绝的信息。这样的变化将削弱现实生活里的人际关系,切断人与人之间的情感交流和亲密联系。翻天覆地的变化给人带来了便利和满满的乐趣,似乎有百利而无一害。然而需要注意的是,这些变化拥有在短短一两个月内完全改变人的行为与生活的能力。

再之后,不只行为,人的情感和认知也会发生变化。经过几年、最多几代时间,信息革命将会引发大脑结构和人类遗传基因的变化,受到最大影响的,就是同育儿活动和儿童发展紧密相关的依恋机制。

比起孩子的面容,父母更愿意盯着手机屏幕,于是孩子只能望着总是把目光投放在别处的父母,孤单地长大成人。即便情况再好一点,父母留在孩子身边,他们注视孩子的时间也会被目不暇接的信息所占据。注视所爱之人,双方视线相交,会让人分泌出一种叫作后叶催产素的激素,强化依恋;但盯着手机的父母,大脑释放的不是后叶催产素,而是提升兴奋程度的神经递质——多巴胺。父母根本顾不上身旁的孩子,他们就像正坐在弹珠游戏机或老虎机前,沉迷在眼看着就要大获全胜的赌局里。

父母的忽视进一步加剧,回避型儿童的数量就会不断增长。

父母顾不上理会孩子，孩子就用父母给的手机玩游戏，看暴力动画，打发无聊的时间。他们的大脑也在释放多巴胺而不是后叶催产素，以此掩盖失落的情绪。

在这样的环境下长大成人的孩子，依恋机制和共情机制都没有发育完全，与之关联的遗传基因可能会发生甲基化现象，不再显露于外。甲基化现象出现后，对应的遗传基因就不会再展现出原有的作用了。

这样长大的孩子又会怎样抚养自己的孩子呢？不久之后，未被使用的遗传基因大概会不断积累变异，渐渐失去固有的功能。

被忙碌的父母置之不理的人，遭丈夫、妻子冷落的人，没有外界交流的人，人数越来越多，回避型依恋开始在社会中扩散，而恰恰在此时，信息革命出现了。可以说，正是因为借了天时之利，信息革命才会受到人们久旱逢甘霖一般的热烈支持，互联网与通信设备才会迅速渗透社会。就在这一瞬，时代把回避型人类推入了无路可退、不可逆转的境地。

回避型与人口密度调控

回避型人类增加的重要原因无疑与成长环境、信息环境的剧变相关，但还有另一个可能的影响因素，那就是人口暴增和城市化导致的人口密度增加。

众所周知，各种生物在物种内部都存在密度调控机制。也就是说，随着个体数量增多，单位面积内的物种密度加大，个体数量的增加趋势会渐渐受到压制。生态调控会在此时起到作用，即围绕有限的食物，物种内部竞争激化，繁衍后代越来越难。与此同时，物种的性状、遗传基因往往也会发生变化，抑制物种的繁殖行为。

一项研究解析了巴布亚新几内亚的恩加因人人口数据[①]，在不满 5 岁的孩子和 50 岁以上的老人群体里发现了密度调控效果。研究发现，人口增加后，幼儿和老人的死亡率就会上升，人口的增长因此受到抑制，但青壮年群体并没有受到密度效应的影响。

---

① Wood & Smouse, "A method of analyzing density-dependent vital rates with an application to the Gainj of Papua New Guinea." *American Journal of Physical Anthropology*. 1982 Aug；58 (4)：403–411.

回避型的增加说不定也是一种针对人口爆发式增长问题的密度调控手段。回避型对繁衍后代缺乏兴趣，因此可以对抑制人口增长做出贡献。

然而实际上，印度、东南亚等人口密度高的地区不一定有很多回避型人类，反倒是北欧等人口密度低的地区频频出现回避型人类。回避型的增加很难仅仅以密度调控效应来解释。

不过，在人口暴增与粮食危机爆发、全球气候变暖与土地沙漠化进一步加剧了生存困境的情况下，回避型人类无疑具有更强的环境适应性。今后，情况有可能继续恶化，气候炎热、天灾频发、粮食不足导致大量难民死亡的现象大概还会以更大的规模爆发。围绕粮食、水源与能源展开的纷争大概会发展得愈加激烈丑恶。人类将陷入要么互相残杀、要么饿死的境地，数量逐渐减少。

此时此刻，人类需要做的，就是控制自己的贪欲。然而，这对智人来说太难了。因为依恋不只使人类无法斩断生养自己深爱的孩子的渴望，还使人类希望把特定的人或物放在优先地位上，这种感情与不公平的私利私欲密不可分。共情型人类的期望大概是只有自己和自己的孩子、伙伴生存在世上，其他一切都可以舍弃。然而，只让己方阵营存活的做法不可能顺利实现，就像芥川龙之介在《蜘蛛丝》里所写的故事一样，这样的做法终将导致全体覆灭。

要想避免末日危机，人类之中就必须诞生能够控制贪欲的新物种，新物种要成为多数派，且在人类群体里占据主导地位。如果说这一点有望实现，那么情感淡漠、欲望淡薄的回避型人类无疑是唯一的候选者。

成为回避型人类的条件

无论是成长环境、信息环境的影响，还是密度效应，说到底都是适应水平的变化，是针对环境变化临时产生的调控作用。人类通过调控作用，想方设法地克服危机。如果某一天风向转变，变化朝着反方向发展，一切又会逐渐恢复原状。

与之相对，超出均衡的边界一直往同一方向发展的变化就是进化。如果在人类身上持续施加沉重的选择压力，那么别说后退了，在抵达新的均衡状态之前，变化只会加速发展。正如荷斯坦牛在短短 40 年间发生了显著的遗传基因变化一样，被环境选择的回避型人类，其以后叶催产素为首的依恋相关遗传基因也产生了变异，降低了该基因的表现度。

这种变化是新物种诞生的征兆，抑或仅仅是伴随环境变化而生的适应性变化呢？对于这个问题，学界众说纷纭。或许一种不照顾孩子、家人，在生物学上十分罕见的社会性哺乳类物种将在人类中就此诞生；又或许人类已经走进了穷途末路，最终将销声匿迹。

新型物种维系的前提是，不存在不利于繁衍后代的限制条件。如果牺牲照顾孩子的时间转而投向工作会对繁衍后代造成负面影响，导致后代逐渐减少，那么喜好这种生活方式的人类就会被在养儿育女上分配了很多时间、留下了众多后代的人类取代。不够稳定的新型物种只会成为昙花一现的珍稀物种，在不久之后走向灭亡。

然而，如果有社会制度在背后支持，让人们即便不参与育儿活动也能维持足够的后代人数，人类的育儿能力就会逐渐退化消失，他们大概会像把自己的蛋交给其他鸟类代孵的杜鹃一样，确立起让其他人替自己照顾孩子，以此维持物种存续的生活方式。

如果社会替个人抚养孩子成为普遍现象，那么关心育儿胜过关心工作的人，以及对孩子的成长负有强烈责任感、努力付出的做法，反倒会不利于人类的发展。

事实上，在能够留下多少后代这件事上，相比于生物学概念里的繁殖能力和育儿能力，经济条件才是更大的影响因素。

即便繁殖能力低下，人们也有可能在生殖医疗技术的帮助下繁衍众多后代，生出来的孩子也能通过收费服务得到高水平的照

顾。因此，经济上能够负担这些费用的人，才会在养儿育女一事
上占据优势。

　　如果这样的趋势不断加强，那么与繁殖能力强的共情型人类
相比，繁殖能力低下的回避型人类在繁衍子孙一事上非但不显弱
势，反倒更具优势。原本容易衰减、有可能在地球上消失的回避
型或自闭型遗传基因将大量出现，占据优势。人类不必面临自闭
症群体增加或繁殖能力低下带来的烦恼，反而是优秀的人才将不
断涌现，促使物种迎来繁盛至极的局面。高专业性产出的附加价
值非常巨大，用于抵消繁殖所需的成本消耗绰绰有余。

　　另一方面，由于共情型人类擅长附加价值低的模仿性劳动，
不擅长需要高水平数理化加工的工作，他们就无法从生产力低下
的工作中抽身出来。这些工作很多都能被机器取代，存活空间基
本只剩下育儿、护理等服务性行业。

　　可以想见的未来形势分为两种。一是共情型人类与回避型人
类出现分化，这种现象产生的必要条件是两者间形成生殖隔离。
最具可能性的情况就是赫拉利主张的，身为精英阶级的神人与无
用阶级间出现有如神与人一样的显著差距，杂交行为受到遏止，

又或者即便存在杂交，双方也很难因此繁衍出子孙后代。无论如何，两种情况都会导致同样的结果。

如果形势朝这个方向发展，共情型人类会成为以回避型人类不擅长的事情，比如育儿活动为生的阶级，双方应该很容易就能建立共存关系。

另一种可能性是，人类并未完全分化为回避型与共情型，而是整体朝回避型的方向发展，在积累了足够的小进化后，完全进化为回避型。眼下的情形就符合这一趋势。

回避型丈夫与共情型妻子生活在同一屋檐下，或许就是过渡阶段的场景。回避型丈夫主要承担工作职能，共情型妻子主要承担家务、育儿职能，双方也曾期待过和谐共存。

然而在这种情况下，共情型妻子无法与回避型丈夫沟通交流，会感受到巨大的压力，身心不适，最终导致婚姻破裂。这样的情况并不少见。并且，希望活跃在社会里的女性，更倾向于把养儿育女的事情交给其他人，自己去从事专业性强的工作，回避型丈夫与共情型妻子的分工也会因此渐渐失去支撑。一旦有了孩子，短暂的婚姻往往就会走向结束，但一个人又实在没有足够的精力独自抚养孩子，这就加大了孩子成为回避型的可能性。每过一代，回避型都会继续蔓延。

无论在哪种情况下，以自身兴趣为优先、不太喜欢养儿育女的人都会持续增加，他们的子孙后代又会更加不擅长养儿育女。这样的趋势将在整个群体内部加速发展。

不过，照这个方向发展下去，人类会面临一个不利情形：人们都把孩子托付给他人代为照料，那么社会怎么保证照料者的数量和质量呢？代为照料他人子女的人也会和普通人一样渐渐失去照料孩子的能力。一个不擅长照料孩子的社会，是否会接连制造出情感障碍患者，终究逃不过衰落的命运？

突破这个障碍的唯一希望，就是能够适应情感淡漠环境的新物种。现在已经有七成不满 1 岁的幼儿能在没有父母照料的情况下自己操作开关，玩玩游戏，看看电视，自己给自己找乐子了。可能要不了多久，孩子们就能操控机器人，让机器人来照顾自己了。如果社会培养出了完全适应这种环境、见怪不怪、根本不会为此伤心难过的孩子，回避型人类大概就接近完成形态了。

与回避型的稳固密不可分的，还有打破性爱、生育等生物学界限的生殖技术。

　　现在，这一技术正在不断趋近成熟。如果生殖技术发展为极其日常的技术，那么只有借助生殖技术才能保持存续的物种将不再受到任何制约。非但如此，由于以往的种种不利条件消失不见，改变了均衡的规律，回避型人类在全体人类中占据的比例恐怕会更加急速提高。

精子退化是福是祸

2002 年，英国的科学杂志《自然》刊载了一篇颇具冲击性的论文。这篇名为《人类精子：性之未来》(*Human spermatozoa: The future of sex*)的论文做出了一个震惊世人的预言[①]。论文里说，人类的 Y 染色体正在不断退化，将在不久的将来完全消失。这就意味着，男性会从世界上消失。众所周知，Y 染色体上的功能性遗传基因很少，保持着稀稀拉拉的状态，因为原本存在于 Y 染色体上的遗传基因在每 100 万年的时间里就有 5 个被毁坏，至今已减少到了 50 个（一说认为 30 个）左右。换言之，即便乐观预计，最多 1000 万年后，Y 染色体上的遗传基因就会完全消失。更为详细的分析结果显示，500 万～ 600 万年后，人类的 Y 染色体就会变成一具空壳。

不过，考虑到如今人类精子的数量及运动率降低，不依赖产科技术的自然受孕本身已经变得越来越难，人类或许也没有必要

---

① Aitken & Graves, "Human spermatozoa : The future of sex." *Nature*. 2002 Feb 28 ; 415 (6875) : 963.

太过杞人忧天。事实上，这篇论文的作者、在 Y 染色体进化研究领域拥有世界性权威的珍妮弗·格雷夫斯（Jennifer Graves）博士已经做出了一个令人毛骨悚然的预言：在不久的将来，世界上也许会突然出现失去了 Y 染色体的变异个体，这没什么可大惊小怪的。

人类或许也不需要为此忧心，因为这个社会上拥有 Y 染色体，却对性爱失去了兴趣的男性已经随处可见了。

1940—1990 年的 50 年间，男性单次射精释放的精子数减少了大约一半，减少的程度在各个地区各有不同，丹麦、芬兰等国的减少趋势尤为明显，北美、欧洲、新西兰、澳大利亚也不遑多让[1]。

一项研究分析了北美、欧洲的过往研究数据[2]，发现 1973—2011 年这不足 40 年的时间里，人类的精子浓度降低了 52%。事态似乎正在急剧恶化。有学者认为，照这样下去，未来几十年

[1] 松田洋一『性の進化史—いまヒトの染色体で何が起きているのか』新潮選書 2018。下文有关人类性染色体及性功能退化的论述均依据此书。

[2] Levine et al., "Temporal trends in sperm count: a systematic review and meta-regression analysis." *Hum Report Update.* 2017 Nov 1；23（6）：645–659.

内，人类的受孕将必须依赖显微受精技术。

影响精子退化的因素多种多样。但专家之间达成了一则常识性共识，认为某项社会制度也起到了一定的影响作用。这项制度就是一夫一妻制①。男女双方缔结婚姻关系后，男性就能独占配偶的受孕机会。无论双方的性爱频率是每天一次还是偶尔为之，丈夫总有一天会让妻子受孕。即便丈夫的精子质量低下，只要夫妻双方遵守婚姻约束，来自竞争对手的优质精子就不会参与其中，妻了总有一天会怀上丈夫的孩子。

如果男女间维持乱交状态，情况又会截然不同。男女如走马灯般更换伴侣，女方就会与众多男性发生性关系，质量低下的精子即便偶然间进入了女方体内，也很难与唯一的卵子成功结合。能够大量、多次传递精子的男性自然更容易留下后代。活跃精子的遗传基因存活下来，男性大量输出精子的能力将逐渐增强。

如果当初朝这个方向发展，如今的世界上大概已经满是一门心思只想着性，比当今的男性更具兽性的男性了。

---

① 松田洋一『性の進化史—いまヒトの染色体で何が起きているのか』第 1 章 新潮選書　2018。

与一夫一妻制（一夫多妻制也是一样）结合在一起的婚姻制度是一个充满温情的机制，让生殖能力低下的男性也得到了繁衍后代的机会。它在一定程度上遏制了生殖能力，甚至引发了生殖功能的退化。也许正因如此，性领域之外的文化才得以开花结果。

有些男性一天内必须做爱或射精多次才能满足，这种绝伦的精力并不一定是好事。就算一次性行为耗费的时间、精力再少，都消耗了原本可以花在其他事情上的时间与精力。如果这些男性并没有像阿拉伯王族一样留下几百个后代，释放的精液仅仅是与保险套一起扔进了垃圾箱，那么从某种意义上讲，他们过剩的性欲就是无用的东西。正如一天中反复吃了吐的行为既不健康也不文明一样，无论有多大的快感，把一天中的半数时间花费在性行为上，绝对会令人堕入性欲的地狱。

也许，就是因为人类借助名为婚姻的缰绳捆缚了性欲这个怪物，成功将其制服，最终才创造出了自己的财富与文化。

在这一点上，回避型人类的先驱们一直走在前列。在生殖竞争中，他们落在最后，但在文化、技术革新等其他领域，不知从何时起，他们已经站在了阵头。比起相爱、繁衍后代，他们更关心统治自然界与万物的法则；比起游戏花丛，他们更沉迷试管、显微镜、国际象棋、游戏机，地球上过去并不存在的原创艺术品和发明创造由此接连诞生。

如今，回避型人类还在进一步推动这样的进化。他们甚至不再需要名为婚姻的缰绳，完全摒弃了性欲。因为失去性欲，或者说，因为把对性欲的处理方式转换成了做爱以外的形态，回避型人类已经脱离了性欲的控制。

回避型社会面临的障碍

包括自闭症谱系障碍患者在内的回避型人类走向繁荣的最大障碍，是他们几乎无法留下子孙后代。回避型人类即便诞生了，也会在一两代后香火断绝，因此无论何时，他们只能是社会上的少数派群体。回避型人类原本就不太在意后代问题，这样的局面或许也是他们乐于见到的。

这样的一幕反复上演，回避型个体自不必说，即便回避型社会诞生了，由于出生率低下的问题必定相伴而生，这样的社会也会在不久之后就从历史舞台上消失。

斯巴达的崛起与覆灭

举例来说，如今依然透过"斯巴达教育""斯巴达式"等词语留名历史的希腊城邦斯巴达，曾经是一个勇猛果断、冷酷无情、建立在恐怖的重装步兵基础上的军事国家。在政府的主导下，斯巴达培养出了舍弃共情之人，换句话说其实就是回避型人类，以此打造勇猛无敌的士兵，让这样的士兵来保家卫国。这应该可以算是回避型社会在国家层面的首次尝试了。

为此，斯巴达刻意营造出今天看来很容易滋生罪犯与精神病患者的环境，无情地把孩子丢进去。在这一名为"Agoge"（斯巴达教育）的训练体系下，斯巴达的男孩年满 6 岁就必须离开自己的家，进入兵营过集体生活。他们连食物都不充足，常常处于饥饿状态，为了填饱肚子而自行盗窃的行为甚至受到政府的鼓励。如果被发现，偷盗者会遭遇严刑拷打，但目的不是惩戒，而是鞭策他们提升自己的偷盗能力①。

为了剥夺人们体察他人心情的能力，斯巴达不断向国民灌输暴力与冷酷，而不是同情与善良。其严苛、残酷的程度无可比拟，就算在寒冬，孩子也得一直打赤脚，身上只能披一件斗篷。比起语言教化，斯巴达更重视以暴力磨炼国民的训练方式。

不依靠情感共鸣与语言教导，而是靠着力量与规则强迫他人

---

① Thomas Beckett, "Sparta : The Ultimate Greek Warriors: Everything You Need to Know about the Spartan Civilization." Kindle, Chapter One- Spartan Military Training, 2016.

顺从的行事风格是适配回避型依恋的典型作风之一。比起互相沟通、分享情感，他们更倾向于单方面发号施令或遵从命令，因为这样才不会给个人情感与个人意志留下半点参与的余地。他们认为彼此商讨、互相理解的过程十分烦琐。

斯巴达的男孩长到 12 岁后，就会成为其他年长男性的情人（娈童），这段关系在男性娶妻之后也会一直延续。相较鼓励男性为家人而活，这样的习俗更能创造出视战死为荣耀的斯巴达战士。

通过这一连串的尝试，斯巴达确实成功打造出了强大的战士。然而，毫无自由的社会整齐划一，无法孕育出多彩的文化。亚里士多德的一段话说得恰如其分："在教育上只集中于一处、无视其他方面的斯巴达人，使人沦为机器，完全专注在国家生活上，最终令他们即便在国家生活方面也未能占据优势。"

将集体联系置于优先地位，至少使男性的注意力更多放在了守卫国家和获取国家利益的战争，而不是自己与家人、亲属的联系上，有利于让他们保持国家优先的价值观。

集体训练在斯巴达人心中植下了不区别对待亲子、家人等特殊关系，重视不受血缘束缚、具有普遍性的共同体和国家的价值观。

这种看重集体存续胜过个体的社会和蚂蚁、蜜蜂之类的社会性昆虫组建的社会有些相似。只是昆虫之间不存在类似个人的情感联系，而人类社会则不同，同伴、上下级之间有着很强的联结，由此使人们对军队和国家保有忠诚。

可以这样解释：回避型尚未进化出完全形态，共鸣性情感作为替代品，临时取代了绝对服从的忠诚之心。

这种被称作"尚武派"的回避型人类，虽然共情稀薄，感知畏惧、赞赏、羞耻、骄傲情感的能力却很强。他们即便被人理解，也感受不到他人的理解，不知道如何回应他人的情感回馈，但在收到令自己畏惧、赞赏的对象下达的命令时，他们会乐于服从，无法忍受自己的羞耻心和骄傲感受挫。

由于未与某一特定的个人建立具有温情的联结，为了掩盖自己的空虚，回避型有时会通过服从意识形态或上位者的命令，或者保护自己的骄傲和名誉来寻求生存的意义。

斯巴达拥有不惧死亡、勇猛过人的军队，最终却还是走向了衰落和覆灭。斯巴达为什么会覆灭呢？

其中最大的原因在于人口减少。出生率低下的情况无法解决，同时社会差距又不断扩大，导致中层阶级没落，担当军队主力的公民人数减少[1]。

出生率低下又是为什么呢？因为社会盛行不愿生养孩子的风潮。从国家的未来考虑，增加直接关系到士兵人数的公民数量非常重要，但斯巴达人并不想以牺牲自己的精彩人生为代价，放任孩子占据每天的生活，生育意愿十分低下。

斯巴达社会还有一个特点为人熟知，就是女权出乎意料地强势。男性进入军队后不再顾家，守卫家庭就成了女性的职责，女权因此强盛起来。男性一半属于国家，再勇猛的士兵也只能在家庭以外的场合发挥勇猛；而到了家里，妻子才有发言权。丈夫属

---

[1] W·G·フォレスト『スパルタ史　紀元前950—192年』丹藤浩二訳　渓水社 1990。下文有关人口减少的背景论述主要依据此书第203-216页内容。

于社会、妻子执掌家庭的社会形态诞生了，与现代社会的情形相似。在生孩子和性爱方面，主导权也掌握在妻子手中。如果妻子不想受孕，丈夫就无法违逆妻子的意愿。

在斯巴达，女性和男性具备同等的继承权，由于所有人都倾向于把女儿嫁到富贵人家，财产就渐渐聚集到了一小部分人手中。没过多久，社会上出现了巨大的阶级差距，贫穷的公民从公民阶级中脱离出来。

在与底比斯的战争中落败时，斯巴达公民人数已经不满千人了。斯巴达施行的制度成功培养出了强壮的士兵，却没能促进人口增长，甚至无法遏止人口减少的趋势。这是因为斯巴达人受到情感障碍的侵袭，失去了创造人口的能力。回避型的势力增强一般都会引发同样的结果，人们将逐渐丧失生儿育女的热情。

打破生殖壁垒

现代的回避型男性，即便在妻子之外没有其他男性情人，大概也会把情思寄托在只能隔着屏幕相见的恋人身上，不怎么触碰妻子的身体。然而即便如此，他们也能在婚姻制度的保护下独占一名女性，不疾不徐地经营人生，直到有孩子降生。就算与妻子之间只有一月一次，甚至是一年一次的性生活，只要一生中能生育一两个孩子，这样的频率于他们而言也就足够了。

然而，这么做的问题不仅在于不做爱会导致男性性功能低下，渐渐失去性生活的意愿，还会使男性陷入即使偶尔为之，也无法使女方受孕的境地。

一个强大的帮手在此时闪亮登场，那就是以治疗不孕不育为代表的生殖医学技术。即便精子稀少，活跃的精子数目微不足道，借助显微受精技术，男性依然可以让女性成功受孕。正常男性一次射精可释放多达 3 亿颗精子，而患有不孕不育症的男性只能释放几千万甚至更少的精子。然而，有了显微受精，只要有一颗活力满满的精子就足够了。因为最终也只会有一颗精子成功与卵子结合。捕捉一颗健康有活力的精子，直接注入卵子，就省下了精子激烈争夺 3 亿分之一的机会，也省下了其经阴道进入子宫口，游过子宫颈、子宫、输卵管，逆行一段漫长路途的工夫，在一瞬间即可完成受精。这就好像马拉松比赛里直接选定活力满满的选手，开车将其送到距目的地一公里开外的地方，而不是让无数选手在跑道上追逐，以此决出获胜者。人类通过偷奸耍滑抢来的运势，未来走向如何尚不明确，不过从生殖能力的角度来看，劣质的精子也因此得到了足够的受精机会，无疑会进一步加剧生殖能力的退化。没有了生殖医学的帮助，人类大概将很难维持种族的存续。

然而，这样的走向也是人类适应生殖医学引发的环境变化的结果。婚姻制度使人类过剩的性欲成为发展阻碍，从而引发了性欲退化；同样，生殖医学这　新兴技术使得性爱也失去了必要性。即便不发生性关系，人类也能拥有孩子。

生殖医学使回避型人类越过了一个难以跨越的界限。回避型人类不关心性，也缺乏性欲，发生性关系已成为与种族存续无关的行为。以显微受精为代表的生殖革命，为回避型人类的诞生提供了可能。

前文也提到过，生殖辅助手段的急速普及导致了一个时常被人提及的问题，那就是劣质基因不会被淘汰，得以继续存活，从而可能使人类的遗传基因在整体上不断退化。自闭症谱系障碍患者的显著增加是否与此相关尚无定论，但父母年龄的增长会大幅提升下一代患自闭症谱系障碍的风险，不仅是母亲，父亲的年龄增长也有很大影响，这一事实或许已显现出了该病症与生殖技术之间的关联性。

然而即便如此，人类真正必须做的，大概是修正以往将自闭症谱系障碍视作"障碍"的看法。今后，当世界上无须生殖辅助技术即可生育后代的人变成少数派时，我们必定会迎来一个大部分民众都是回避型、1/4 的人都患有自闭症谱系障碍的时代，它离我们并不遥远。

当 1/4 的人都拥有回避型的特征时，我们还能把这些特征叫作障碍吗？还是应该将其解释为新物种的诞生呢？

在丹麦，借助生殖辅助技术出生的孩子的比例已经逼近 1/10了，这个比例超过 50% 的那一天其实离我们很近，近到令人震惊。

个体意义的丧失

性的存在方式已经变得多种多样。无性生殖、有性生殖、同性生殖现如今都有了实现的可能，在即将来临的时代，性本身将成为单纯的个性，仅仅充当一个供人选择的选项。

作为把人与人联系起来、让双方交换遗传基因、维持种族多样性的手段，性一直支撑着种族的存续。然而，当人类能够自主地选择和操控遗传基因，执意追求同一个个体的遗传，或是设计符合自身喜好的性状时，个体反倒会失去特异性和唯一性。它将不再是独一无二的特别存在，仅仅成为可以随心所欲地再造和改变的模型。个体的意义将变得像是每年都有新产品、新流行趋势在更新换代的时尚产业一样，不再具备其他意义，永远随着心血来潮的想法和没有意义的偶然情况动摇变换，成为混沌无秩序的产物。

如果个体的意义进一步丧失，人类将变成毫无存在意义的生物，完全成为在购物网站上挑选、下单、电子支付后买回来的商品。特别的追求，相互间的联系，诞生的故事，父母，孩子，一切特性与角色都将从人类身上消失。回避型人类将完成进化，成为新的人类物种。

回避型人类的先驱

曾经有一篇论文^①声称，一名被称为"线粒体夏娃"的女性是人类最古老的祖先，引发了全世界的热议。这篇论文认为，回溯人类谱系，我们将发现源头只有一名女性。

然而今天，这样的假说已经被学界否定。人类并非起源于仅仅一名女性。如果真是这样，人类大概就无法存活下来了。最新的进化理论认为，进化发生的必要前提是具备一定规模的大型群体。有利的遗传基因在群体内扩散，物种由此实现进化。产生进化的前提是物种一直存续，未曾灭绝。因此，物种必须形成一定规模的群体，否则便无法克服细微的环境变化，说灭绝就灭绝了。

有利于生存的新性状诞生，向整个群体扩散，由此产生进化的情况，往往也并非始于突然出现变异的某一单独个体，而是源

---

① Cann et al., "Mitochondrial DNA and human evolution". *Nature.* 1987 Jan 1–7；325 (6039)：31–36.

于一个不断反复的过程——拥有各种遗传变异的若干个体同时存在，产生种种交集，其中更具优势的变异组合便延续下来。

变异的遗传基因过多，往往会妨害个体；程度恰好，则有利于个体。长得高、跑得快、头脑聪明等众多性状是由多种多态遗传基因组合在一起形成的，组合的方式也数不胜数。一般而言，性状与基因并不是一一对应的。想想擅长数学的性状就很容易理解了，越是复杂的性状，就越不会简单到仅由单一的遗传基因决定。

除了编码，基因还具有表达调控功能。人们发现，以往被视同垃圾的无用 DNA，其实关系到遗传基因的表达调控。

人们还发现，环境会影响遗传基因的表达。DNA 甲基化就是为此而生的重要机制。DNA 甲基化现象发生后，该 DNA 便不会再被表达出来，一般认为，DNA 甲基化机制也与人们因受忽视而变为回避型依恋一事有关。比如，后叶催产素受体的 DNA 出现甲基化后，后叶催产素的表达就会遭到抑制，最终导致人的情感功能低下。

而且，DNA 甲基化有时可以遗传到下一代，父母一代因环境因素而起的可逆变化，可能由此变成先天特性，成为不可逆的变化。

当来自环境的影响长年持续时，为应对环境而生的变化便不再是临时现象，而是发展为遗传基因本身固有的变化。这一机制在进化过程中承担着重要作用。

高度社会性、智力发达、语言能力优异、心灵手巧，这些在人类身上体现得最显著的性状，每一种都与大量遗传基因密切相关。这恰恰证明了人类不可能仅仅源自夏娃一人。

回避型人类的诞生这一新型进化同样如此。它不可能始于单独某一个完成了回避型进化的祖先，而是应该在最初时，具备一部分回避型特征的个体作为特例反复出现又消失，在此期间，有利于生存的遗传基因组合逐渐出现并被挑选出来。当初留不下后代、走进死胡同的群体里出现了有利于繁衍后代的基因组合，存续的概率变大，与之相关的几个遗传基因便渐渐出现得越来越频繁。刚开始只能迎接孤独末路的特例群体，通过获取繁衍能力，渐渐冲开死路，向整个群体扩散。

完成进化的新物种诞生前，群体内会先出现众多并未留下自己的子孙后代，但成了新物种先驱的个体。

　　这一点在回避型人类身上同样适用。原有的人种里存在着孤独死去的回避型人类的先驱。

第欧根尼

　　依恋通常意味着对人怀有的亲密情感。回避型人类虽然对人淡漠，但很多时候也会显示出对物的依恋。人不一定可靠，物才更值得相信。然而，回避型倾向发展到极致，就是失去一切追求，对物也没有任何眷恋了。

　　佛教徒与信奉老庄思想的道士认为，舍弃一切执着是人的最高境界。没有了依恋，人就不会害怕失去，就能够从生老病死的痛苦中解脱出来，不会为爱别离而悲恸。

　　他们意欲成为彻头彻尾的回避型，舍弃父母儿女，出家修行，磨炼肉体，直至肉体失去一切痛觉。修道院思想，以及更早之前被称作斯多葛学派、犬儒派的古希腊和古罗马思想家也持有同样的观点。他们虽身为共情型人类，却以回避型为理想，试图压制依恋以及同依恋密不可分的情感、欲望。

　　古希腊锡诺普的哲学家第欧根尼也是其中之一。他非但没有家庭，甚至连家、财产都没有，有的传言说他每天就睡在酒桶里，也有的传言说他肩扛一个布袋，睡觉的时候就把布袋当枕头[1]。用现在的话说，第欧根尼就是个流浪汉，但他同时又是学识出众的一流知识分子，两者间的巨大落差让古希腊人在感到讶异的同时，也对他怀着敬意。

　　如果第欧根尼想要安定下来，谋一个稳定的职业，愿意为他敞开的大门肯定不计其数。但他不愿被家人、财产、国家束缚，不愿与任何人建立特殊联系，过着随心所欲、想去哪里就去哪里的流浪生活。第欧根尼是否真的享受这样的生活，我们不得而知，但他只能这么做，只能选择不与他人建立特殊联系的生活。从这个意义上看，第欧根尼可以算是回避型人类的先驱。

　　第欧根尼是一个富裕钱商的儿子，在成长过程中接受了良好

---

[1] ディオゲネス・ラエルティオス『ギリシャ哲学者列伝（中）』第六卷第二章加来彰俊訳　岩波文庫　1989。下文有关第欧根尼的叙述均依据此书。另外，文中提到的第欧根尼并非《哲学家列传》作者第欧根尼・拉尔修。

的教育。他是否天生就是回避型，已经无从得知，不过，富裕的金融从业者之子这个身份，大概使他比普通民众具备了更多成为回避型的条件。

如果日子照常过下去，第欧根尼本该一直当他的富家子弟，但父亲改铸政府钱币、私造假币一事暴露后，他的人生也发生了翻天覆地的变化。父亲被投入监狱，在狱中死于非命，家人也受到牵连，只得被迫逃往他国。

父亲因欲望失去了全部财产，最终蒙羞死去，这样的命运不可能不对第欧根尼的内心产生影响。

第欧根尼的逃亡之地是崇尚自由的雅典，这对他来说大概算是一件幸事。第欧根尼渐渐以流浪街头的哲学怪人为人熟知。人们称他为 Kynikos（犬儒派）①，包含了对他如同流浪狗一般生活的轻蔑之意。英语中的 "cynical"（愤世嫉俗的）一词就来源于此。第欧根尼作为犬儒派的先驱，完全不是人们常识中理解的那种温驯之人。

_____

① Kynikos：希腊语，意为"像狗一样的"。——译注

别人想听什么，他就偏偏要反着来，这种行为恰恰透露出了受创的依恋。

嘲讽一切执念的第欧根尼，在后半生再次遭遇波折。乘船出行途中，第欧根尼遭遇海盗袭击，被卖到克里特岛当奴隶。一个富裕的科林斯人买下第欧根尼，把他带到了自己的国家。这个科林斯人的家里有几个男孩，第欧根尼就成了孩子们的老师。据说，第欧根尼的学识与能力广受好评，得到了当地人的尊重。他意外地度过了一个幸福安稳的晚年。

对待自己的学生，第欧根尼是否依然不吝毒辣的言辞，这一点未有定论。不过，从他身为奴隶还能得到科林斯人的敬爱来看，遇到爱徒后，第欧根尼的言辞和态度大概是有所变化的。难以弥补失去家人的心灵创伤的第欧根尼，是不是在意料之外的另一个国度里遇见了可以疗愈心伤的人呢？

据传，第欧根尼的晚年过得十分幸福。这表明他还不是彻底的回避型人类，并没有完全舍弃共情型人类的一面。

达·芬奇

　　直至近代，人类历史上才出现了全新类型的回避型人类先驱。其中之一就是文艺复兴孕育出的全能天才达·芬奇。达·芬奇是私生子，因此，虽然父亲是身居豪宅的公证人，他并没有继承衣钵的可能。14 岁时，他被送入作坊学习工匠技术。不受父母宠爱的阴影伴随了他的一生。

　　为了排遣内心的孤单，达·芬奇全情投入创作中。在当时颇有名气的韦罗基奥画室里，他很快大展身手，崭露头角，成为老师的左膀右臂，担当起重要的制作工作。然而，他狂狷清高、过于追求完美主义的性格惹来了麻烦，与资助者的关系也不稳定，因此不得不辗转各地。比起鲜活的女性肉体，他反而更关注没有生气的人类尸体，婚姻就不说了，甚至都没谈过一场像样的恋爱。他一生都在追寻母亲的音容笑貌，不断在画布上描绘自己理想中的女性面容。

　　但是达·芬奇非常疼爱自己的一个小徒弟，那是一个有偷盗癖的孤儿。达·芬奇为这孩子的行为伤透了脑筋，却还一直关照着他。

达·芬奇享受孤独，但也能与王侯贵族谈笑风生。在米兰，他成功举办了一场规模盛大的演出，大大取悦了米兰公爵。达·芬奇身怀高超的实践水平与交流能力，从这个角度来说，他很难被界定为自闭症谱系障碍。

不过，他享受孤独，不与任何人建立亲密关系，比起与人之间的情感联结，更热衷于冷静透彻地观察事物、发散想象和创意，由此看来，达·芬奇可以算是一名回避型依恋者。在描绘人体时，为了捕捉皮肤以下的人体结构，他甚至会动手解剖尸体，这样极致的追求令人不禁怀疑，他其实身怀对待细节十分苛刻的自闭症谱系障碍的遗传基因。

达·芬奇同样没有留下自己的血脉。

弗里德里希·尼采

19世纪末，具备现代回避型人类特点的表现型登台亮相了。可以被称为表现型的急先锋之一，就是宣布"上帝已死"、预言超人即将诞生的弗里德里希·尼采。

尼采出生于一个牧师之家，4 岁时父亲死于神经梅毒，在幻觉与剧痛中走向了凄惨的死亡①。这种病症后来也夺走了尼采的神智与性命。当牧师的父亲去世后，住在牧师公馆的尼采一家失去了住处，一间朝北的小小出租屋成了尼采母子的栖身之所。幼时的尼采很晚才学会说话，但几乎同时，他已能读书写字了。母亲被儿子非同一般的天赋吓了一跳，于是开始对孩子实施精英教育，把家族复兴的希望寄托在了尼采身上。

尼采身体孱弱，常常不是发烧就是头疼、肚子疼。即便如此，母亲依然逼着尼采不断学习，不许他和其他孩子一起玩。付出终有回报，尼采以学费全免的待遇进入超一流的寄宿制学校普夫达中学就读，离开母亲开始独自生活。

普夫达中学实行斯巴达式教育，是一所纪律严明、奉行禁欲主义的名校。在这里，尼采因为身体孱弱吃尽了苦头，但成绩依然出类拔萃，还能写诗谱曲，天赋之高令众位老师瞠目结舌。尤其是在古典语言学方面，他的成绩即便与一众才子相比也是鹤立

---

① ヨアヒム・ケーラー『ニーチェ伝 ツァラトゥストラの秘密』五郎丸仁美訳 青土社 2008。下文关于尼采的叙述均依据此书。

鸡群。

进入大学后，尼采的古典语言能力依然颇得认可，教授也对他评价颇高。他年仅 24 岁就当上了教授，锋芒大盛。撇开眼睛极度近视不谈，尼采男子气概十足，又有极高的音乐、文学造诣，毫无疑问地成了众人竞相追逐的佳婿人选。

不过，尼采也有一个无法忽视的缺点。他能用古典语言毫不费力地写出晦涩艰深的著作，却无法自如地应对日常交流。尤其在面对女性时，尼采总是不知该说些什么好，还曾经没头没脑地冒出一些不合时宜的话，让对方无言以对。

尼采也曾结识音乐家瓦格纳（Richard Wagner），并与对方成为密友，但两人都心高气傲，最终关系闹崩，彼此恶语相向。后来，尼采曾与成功的女性作家露·安德烈亚斯·莎乐美（Lou Andreas-Salomé）走得很近，但这段关系最终以尼采的一厢情愿告终。问题并不只出在他一人身上，莎乐美也可以称得上是回避型人类的先驱，即便是对自己的丈夫，她也从未允许对方与自己发生性关系。顺带一提，到了不会再怀孕的年纪后，莎乐美接连与丈夫以外的其他年轻男性发生了关系。她从怀孕的恐惧中解放出来，享受了纯粹的性的乐趣①。

　　另一方面，尼采与家室清白的姑娘完全没有共同话题。年纪轻轻就当上教授固然是好事，可尼采根本不擅长与教授同事们相处，对社交人情也应付不来，就连给学生讲课，对他来说都是沉重的负担。后来，尼采终于停掉了学校的课，过起闭门不出的幽居生活。他没有再重返校园，直接辞去了教授职务，年仅34岁便告退休，靠着微薄的养老金过活。这笔养老金和尼采刚刚就任教授时的薪水一模一样②，支撑了他后来的写作生涯。

　　在遥远的瑞士境内尤其偏远的圣莫里茨，乘马车进入更深处的湖畔，就能抵达锡尔斯玛利亚村。尼采看中了这座村镇，他在村里租了间房，日夜埋头写作。锡尔斯玛利亚村直到今天依然冷清荒凉，140年前尼采在那里停留的时候，想必更是荒无人烟，严寒刺骨。尼采在与世隔绝的环境里感到非常自如。在锡尔斯玛利亚村撰写《查拉图斯特拉如是说》（*Also sprach Zarathustra*）

① H・F・ペータース『ルー・サロメ　愛と生涯』土岐恒二訳　ちくま文庫1990。
② ヨアヒム・ケーラー『ニーチェ伝　ツァラトゥストラの秘密』p.366　五郎丸仁美訳　青土社　2008。

一书时，为了遏制剧烈的头痛，尼采只得求助于鸦片。神经梅毒开始侵袭他的大脑。《查拉图斯特拉如是说》完成后，又过了三四年，尼采失去了神志。

他在《查拉图斯特拉如是说》中赞颂超人的到来。所谓的超人，就是超越了善恶观，能够享受毁灭、创造及其他一切的存在。

神人在某种意义上大概也算是超人。尼采自己是不是超人先驱暂且不谈，他肯定算得上是回避型人类的先驱。当然，尼采也没有留下后代。

超人会否降临，我们不得而知，而回避型人类的降临已经透过现实的数据展现在人类眼前了。回避型人类中会诞生出身为神人的超人吗？又或者，回避型人类终将走向灭亡？尽管一切都还是未知数，但不可否认的是，回避型人类已经形成了稳定的群体，正朝着变身为多数群体的方向进发。

第 5 章

回避型人类的特征

回避型依恋的高稳定性

在不安全的依恋类型里，回避型依恋有着一个十分显著的特征，那就是稳定性很强。安全型依恋者在遭遇痛苦经历，如因不明缘由的压力深受伤害，又或者痛失所爱，往往会从安全型转变为不安全型。1 岁时显示出安全型倾向的孩子在长大成人后，七成依旧保持着安全型倾向，还有三成则变成了不安全型[1]。

然而，呈现回避型倾向的人则往往会始终如一地保持这一倾向。降低对他人的期待，不向外界寻求情感和帮助，万事只靠自己，是回避型人类的生存策略。他们以此消除遭遇欺骗、背叛的风险。寻求他人的帮助也许更易使人渡过难关，从这个意义上看，无法得到他人相助应该是一个重大的生存劣势，然而回避型甘愿承受这样的劣势，以避开遭遇致命打击的风险，确保内心世界的安定与安全。

---

[1] Waters et al., "Attachment security in infancy and early adulthood: a twenty-year longitudinal study." *Child Dev*. 2000 May-Jun; 71 (3): 684-689.

　　如果社会是由依恋机制支撑的牵绊与互信关系架构而成的，回避型人类的生存策略显然缺陷很多。然而当依恋机制衰弱，社会失去了牵绊与互信关系时，这种策略就能让他们避开致命的危险，从而更加有利于生存。

　　回避型依恋有着一旦成形便基本恒定不变的特性，却不一定能够传承到下一代身上。父母中即便有一方对孩子漠不关心，只要另一方付出足够的温情呵护，孩子也能获得安全型的依恋。即便父母双方都是回避型，只要孩子身边有其他具备安全型依恋的人，让孩子感知到了关爱，那么孩子也有可能成为安全型依恋者。

　　然而，一个人身边的回避型越多，就越难收获安全型的依恋，也就更有可能成长为回避型。因为在这种环境下，安全型依恋反而有害无益，成为回避型更有利于当事者的生存。如果有利于回避型生活的环境压力持续作用，当事人甚至会产生基因层面的变异，导致回避型的遗传特征在人类群体中扩散。

　　原本只是一个群体中只有少数人拥有的特殊状态，现在不仅波及整个群体，更使群体难以恢复如前，逐渐成了众多成员共有的特征。

正如人类拥有直立行走，脑容量大，使用工具、火和语言等特征，与类人猿划开了界限；亦如智人拥有高超的工具加工技术、大规模群体、看透对方意图的社会认知能力、与非亲缘者的合作关系、操控抽象语言与表象的能力，从而与直立人区分开来；回避型人类的这一系列特征会不会把现存的智人从高位上拽下来，转而使得回避型人类上位呢？我们拭目以待。

不以亲密关系为必需

回避型人类最大的特点是不以亲密关系为必需品。换言之，他们非常适应孤独的环境。

回避与人交往

置身于不存在亲密关系的环境中时，有情感需求的共情型人类很容易出现精神异常，他们会感到抑郁，有气无力，更甚者会陷入幻觉与空想，导致精神错乱和崩溃。被关进拘留所单间的人群中常见的刚塞综合征（Ganser syndrome）就是其中的代表症状。

对需要情感联系的共情型人类而言，断绝与他人的一切联系，是堪比断绝水源的酷刑。

然而，回避型人类却能毫不费力地适应令共情型人类压力满满的环境。即便一年不见人，一年不与人交谈，他们也基本感觉不到任何痛苦或禁锢感，甚至反倒过得舒畅又安心。与人见面、建立联系这种事对他们而言是一种麻烦。

诸如弗里德里希·尼采、埃里克·霍弗（Eric Hoffer）这样的回避型先驱，都选择了回避与人建立亲密关系，将自己置身于孤独的境地之中。加利福尼亚大学曾有一位漂亮的女研究生为霍弗的学识倾倒，主动接近他；还有一位生物学教授对当时还是兼职服务生的霍弗的超凡才学与慧眼印象深刻，有意请他去大学研究所担任正式研究员。但面对这些人，霍弗都选择了不告而别。

在回避型人类诞生之前，这种行为曾被视作难以理解的奇特行径，然而在回避型人类以不容忽视的态势席卷整个人类群体，数百万乃至数千万人都开始回避亲密关系、倾向独居生活的今天，这已经变成了极其普遍的现象。

2019 年 3 月，日本内阁府发布了关于离群索居者的调查结果。据推算，日本离群索居者的人数为 115.4 万，在全国总人口中的占比不过 1%。

然而，回避型并不一定都会离群索居。他们的特征在于，当走出家门、活跃于外界时，即便他们看起来似乎很享受与人的接触或社交活动，实际上还是缺乏亲密的人际关系和敞开心扉的互信关系。

　上文也提到过，成年人中回避型依恋的占比，在欧洲已达三成，在北美也逼近两成。年轻人群体中的回避型人类占比就更大了，日本过半数的年轻人都是回避型依恋者。美国的某项调查显示，症状更为严重的回避型人格障碍也在以迅猛之势急速扩散，20世纪90年代在成年人中的发病率仅为0.5%，在2001—2002年便上涨到2.4%，2007年上涨到了5.2%。

　不久以后的未来，人类可能会进入一个新时代，那时过半数的人类都是回避型依恋者，还有一到两成患有回避型人格障碍。不过到了那个时候，这样的形势大概已经不算是消极的问题了，说不定回避型反倒会成为标准化的人类类型。

　回避型人格障碍与回避型依恋的差别在哪儿呢？症状的严重程度不同固然是其中之一，但此外还有一个更加重要的决定性差异，那就是：受到回避型人格障碍困扰的人一方面渴望亲密关系，一方面却又畏惧、逃避亲密关系，处于进退维谷之境；与之相对，回避型依恋者已经对亲密关系不抱期待了，因此心理状态非常稳定。回避型人格障碍所属的依恋类型，很多时候并不是回避型，而是被称作"焦虑 – 逃避型"，他们在内心中想要靠近他人，行动上却又无法靠近，因此非常痛苦。

从这个意义上讲，回避型进一步扩散、普遍化之后，这种两难境地便会消失。如果回避型人类的占比持续增高，也许受到回避型人格障碍困扰的人反而会持续减少。回避型人格障碍是人类仍然存在情感需求时的过渡现象，最终应该会被克服。渴望有朋友却没有朋友、想和人亲近却实在亲近不起来的烦恼，最终都会离人类而去。这就是回避型人类诞生的意义。

回避建立性关系

最极致的亲密关系，是通过性建立起来的性关系。性不仅能使人体释放内源性大麻素和多巴胺，还会通过提高后叶催产素的分泌量，强化人对性伴侣的依恋，使双方不仅从心理上，也从生理上联系在一起。

然而，对于后叶催产素系统功能低下的回避型人类来说，就算存在性快感，也并不能从中感受到伴随着安心感的亲密关系。

对他们来说，性快感和从老虎机、射击游戏中得到的快感没有太大差别。快感的瞬间过后，他们只会觉得对方是个麻烦。老虎机、射击游戏玩得不好，一局结束就结束了，可要是性技巧不好，和伴侣合不来，就会时时遭到对方的抱怨，被对方推搡、吃巴掌，根本就无法从性中得到快感。一方必须讨好另一方，带对方进入情绪，同时还得改变自己的调情技巧。对回避型人类来说，这种互动往来是最麻烦、最困难的事。回避型人类回避恋爱与性是极其必然的结果。回避型人类如今已接近进化完成形态，不与人建立性关系是他们非常普遍的选择。

21 世纪初开展的一项调查发现，在 20 多岁的单身男性中，四成以上都没有过与异性交往的经历 [1]，30 多岁的未婚男女中，1/4 以上都没有性经验 [2]。由此可见，回避型人类中有过性经历的人非常稀少，对他们来说，与另一个人发生实实在在的性关系反而是有些异常的事情。

性欲衰退现象的背后，除了他们无法忍受与性相伴而来的不

---

[1] リクルートブライダル総研「恋愛・婚活・結婚調査 2015」。
[2] 国立社会保障・人口問題研究所「現代日本の結婚と出産―出生動向基本調査報告書―2015」。

快以外，能从性当中获取的快感十分有限也起到了一定的作用。

　　回避型人类分泌的后叶催产素很少，这影响了他们从性当中获取的快感的质量。因为后叶催产素分泌较少，回避型女性很难体验性高潮，维持性兴奋状态的时间也很短。而后叶催产素分泌量少的男性则会出现勃起困难。在后叶催产素未起作用的情况下进入性兴奋状态，紧张起来的只有交感神经，反而妨碍了男性勃起。男性的勃起除了性兴奋以外，同时还必须保持放松，如果不够放松，就会陷入所谓的阳痿状态。在与不亲密的对象性爱时，男性常常会阳痿。这就是因为他们虽然兴致高涨，却并没有安心感，由此导致交感神经过分紧张，从而勃起困难，有时还会在并未勃起的情况下射精。

　　比起快感，回避型人类从性中得到的更多是痛苦。因此，他们不仅性欲冷淡，即便偶尔性爱，很多时候也会进展困难，渐渐地就对性采取了回避态度。

　　如果回避型并不利于子孙后代的繁衍，这种类型越来越多的趋势就会遭到遏止，不可能向整个物种扩散。然而，生殖革命使得回避性生活不再成为繁衍子孙后代的阻碍，也使得回避型人类更有可能被同样回避性生活的人选为伴侣，如此一来，回避性生活的行为模式就会不断向整个物种扩散。它将不仅仅局限于行为层面，更会引起遗传基因层面的变化。英国的进化生物学先驱康拉德·瓦丁顿（Conrad Waddington）将环境持续选择某种性状，使原本只是临时出现的适应性反应变成了遗传性状的现象称为"遗传同化"（genetic assimilation）。致使某种特性或行为频率增强的环境持续存在，该特性或行为就会逐渐被录入遗传基因[①]。最初为适应环境而临时出现的特性、行为，就会转变成遗传特征。无性生活的趋势就这样作为遗传特征，打入了回避型人类群体的内部。

　　回避型人类从性中解放出来，但在可以称为回避型先驱的祖先之中，也有些堪称淫乱的放浪之人。虽然有性欲，他们的依恋感却很薄弱，因此性快感对他们来说只是一种缺乏持续性的满足感。他们能得到生理上的快感，却得不到真正被满足的喜悦。此

---

① テレンス・W・ディーコン『ヒトはいかにして人となったか　言語と脳の共進化』金子隆芳訳　新曜社　1999。

外，由于与特定伴侣的联系并不深厚，他们容易不断更换对象，沉湎于刺激和快感之中。他们之所以陷入性瘾，部分原因就在于得不到真正的满足。

然而，后叶催产素分泌量进一步降低后，随着洁癖加重、情绪更加敏感，性带来的快感与痛苦也会在不知不觉间发生逆转。到了那时，热衷猎艳的人大概会把目光转向网络世界的伴侣，或是用于满足性需求的仿真机器人。随着机器人工程学的进步，人类将能够制造出比现实人类更加性感、拥有完美肉体与丰富性交功能的性爱伴侣。与之相比，现实的人类肉体只会显得单薄败兴。

然而，无论外表、触感乃至声音与真实的人类多么相似，机器人都不可能与人心灵相通。与机器人做爱总归显得傻里傻气，有些人会在试遍所有功能后失去兴趣。而试图与现实中的伴侣发生关系，则会被同样身为回避型的对方以强制性交罪诉诸法庭，收容入监，再次回归社会时可能还会被处以化学阉割的刑罚。

在这样的环境下，性欲过强只会成为人的弱点。随着性欲逐渐丧失了生物学意义，它的功能、结构以及遗传基因层面，都将不得不出现退化。

不擅育儿

除了性之外，回避型人类还有一件不擅长的事情，那就是育儿。育儿活动很大程度上要仰仗后叶催产素的作用。后叶催产素水平低下的回避型人类，看到婴儿只会退避三舍，根本不会觉得婴儿可爱，婴儿哭了也不知道该怎么哄。他们不知道婴儿的情绪开关在哪里，在他们眼里，婴儿就像是一只不断鸣响的闹钟。手头没有使用说明就惴惴不安的回避型人类，比起人更愿意与物相处。他们对待孩子也是如此，如果不能照着使用说明管理对方，他们就会感到焦虑。

如果回避型人类被迫照顾孩子，往往会造成悲剧。曾经有人因为孩子哭闹不止，把孩子放进了冰箱，或丢进垃圾槽。还有些人因为告诫年幼的孩子遵守规则和约定，孩子一点都不听，就被逼到完全失去理智，有的拿刀恐吓孩子，有的把孩子的头按到浴缸里。

回避型人类无法与人共情，只能从规则与服从的角度思考事物。在他们看来，不听话就是不守规矩，他们能做的只有愤怒并施与惩罚。孩子常常喜欢撒娇，故意不听大人的话，但回避型人类不吃这一套。孩子的这种反应在他们看来就像程序出了错，他们只想把不肯乖乖听话的孩子丢到窗外去，就像丢掉不能正常工作的机器一样。

回避型人类面临的难题，除了生殖行为之外，就是如何养育孩子了。不过，正如生殖医学的发达使得性不再必需一般，育儿领域也产生了重大变化，为回避型人类带来了福音。这个重大的变化就是，孩子交给社会而不是父母抚养的原则被确立起来了。

这一原则之所以成为可能，很大程度上是因为人的依恋转淡，母亲已不再会为放开年幼的孩子感到痛苦。回避型人类虽然也属于哺乳动物，却从哺乳动物与生俱来的育儿桎梏中解放了出来。

当然，如今依然有人希望亲自抚养孩子。不过，如果哪一天，社会从孩子出生时起就给予免费的看护服务，那亲自抚养孩子就会成为极大的不利因素。因为，没有了抚养孩子的负担，人类可以更加轻松地生更多孩子，也可以在赚钱上投入更多时间。不照顾孩子成为有利选项，照顾孩子的遗传特性就会迅速遭到废止。

缺少情绪波动与共情

回避型人类的另一个特征是缺少情绪波动，喜怒哀乐及情绪反应匮乏，这与他们回避亲密关系的性情是密不可分的。

对情绪波动起重要作用的，是喜怒哀乐等情绪产生的中枢——杏仁核。回避型大脑的特征之一就是，杏仁核等情绪相关部位的神经纤维统合性差，不够发达[1]。

回避型人类不仅情感淡漠，还几乎无法区分喜怒哀乐等情绪。当被问及当下的心情时，他们往往不知道如何作答。他们的情绪没有分化，就像味觉不发达的人吃什么都只说得出"好吃"或"难吃"一样。

大脑表层是神经细胞大量集结的灰质，覆盖在灰质下层的则是白质。白质由神经纤维束构成，因呈现白色而得名。如果白

---

[1] Rigon et al., "Structural and functional neural correlates of self-reported attachment in healthy adults: evidence for an amygdalar involvement." *Brain Imaging Behav.* 2016 Dec；10 (4)：941-952.

质的神经纤维走向统一、秩序井然，信号的传达就会非常高效；
如果神经纤维走向混乱、杂乱无章，大脑就容易做出种种错误
判断。

在保育机构长大的孩子，白质的神经纤维走向更加混乱，且
混乱程度与他们待在保育机构的时间长短相关。此外，神经纤维
走向混乱的程度还与注意力涣散、多动等症状有关[①]。

如果母亲具有很强的感知能力，能对孩子的情绪反应给出合
理反馈，孩子大脑的神经纤维就会更加统合，向组织化和高度分
化的方向发展。反之，如果母亲的关怀或反应无法满足孩子的需
求，孩子大脑的神经纤维发育就会受到损害。

冷漠与暴躁的两面性

不过，回避型之所以成为回避型，并不仅仅是因为情绪不发

---

① Govindan et al., "Altered water diffusivity in cortical association tracts in children with early deprivation identified with Tract-Based Spatial Statistics (TBSS)." *Cereb. Cortex.* 2010 Mar；20 (3)：561–569.

达或未分化。回避型为人冷漠、冷静到似乎没有情绪的表现，还
与另一个特征相关，那就是他们大脑的前额叶抑制了情绪反应区
域的激活①。回避型人类身上同时可见情绪不发达、易混乱，以及
抑制情绪这两种倾向。不过，他们抑制情绪的能力并不完美，一
旦超出某个界限，就会失去控制，被未分化的情绪打败，呈现混
乱的态势。

还有一个问题是，回避型抑制情绪的策略不仅抑制了不愉快
的反应，同时还抑制了同喜悦相关的反应和情绪，他们理解、感
受情绪的区域也难以被激活。没有了喜悦和共情，人会变成什么
样子呢？看到妻儿的面容，不会心生怜爱，也不会珍视妻儿；理
解不了他人的情绪，就说不出恰当的话。回避型人类和别人待在
一起，也只会令彼此不自在而已。

举个例子，某项研究向没有孩子的年轻女性展示孩子的表
情，要求她们进行观察、模仿，并产生与孩子一样的情绪，同时
用功能性磁共振成像技术（fMRI）记录她们在这个过程中的大脑

---

① Vrtička & Vuilleumier, "Neuroscience of human social interactions and adult attachment style." *Front Hum Neurosci.* 2012 Jul 17；6：212.

状态。研究发现，与安全型依恋者相比，回避型女性大脑中与运动、模仿相关的区域，以及情绪相关脑区激活更强，但读取、理解情绪的区域激活较弱[①]。即便她们想产生与孩子同样的情绪，最终表露出来的情绪却是错误的，无法很好地贴近孩子的心情。这篇论文的作者在考察后认为，回避型女性因幼时遭到排斥或缺乏关爱而无法自如地掌控情绪，与此同时，她们的依恋与共情能力也受到了抑制，因此无法体察他人的情绪。

回避型平时乖顺老实，一旦生起气来又让人无所适从。他们虽然通过极力克制隐藏了未分化的大脑结构导致的情绪混乱，却还是会因为某个意外事件的触发做出不成熟的反应，偶尔表露出两面性。

网络成瘾者的大脑变化

要想预测回避型人类的大脑和内心今后将如何进化，了解高

[①] Lenzi et al., "Attachment models affect brain responses in areas related to emotions and empathy in nulliparous women." *Hum Brain Mapp.* 2013 Jun；34 (6)：1399-1414.

度暴露在网络等环境里的人脑会出现哪些变化应该能起到一定的启示作用。最初看起来极端而脱离常规的事，经过一段时间后就会变得常规化，成为人们的常识。这样的过程在历史中曾经反复上演。在极端环境下产生的异常，往往领先于时代，预示着我们的未来。

对于长时间暴露在高密度的信息环境中这一点，最极端的就是网瘾患者的大脑。他们在某种意义上领先于时代几十年，在大脑进化方面很可能是走在最前列的。他们的大脑所产生的变化，或许会成为引导我们的路标，让我们了解到人类大脑在今后数十年会发生怎样的普遍性变化。

网瘾患者大脑的双侧杏仁核白质（神经细胞集中的部位）密度均低于正常水平；在静息状态下，杏仁核与前额叶的功能性结合程度很低[1]。正常情况下，如果把杏仁核比作烈马，那么前额叶的作用就相当于驾驭烈马的骑手或缰绳。两者的结合程度越高，前额叶对杏仁核的控制能力就越强。网瘾患者的杏仁核和前额叶

---

[1] Ko et al., "Altered gray matter density and disrupted functional connectivity of the amygdala in adults with Internet gaming disorder." *Prog Neuropsychopharmacol Biol Psychiatry*. 2015 Mar 3；57：185–192.

结合程度较低，因此容易出现杏仁核失控的情况。事实上，重度网瘾患者的症状之一，就是性格特别冲动。

另外，杏仁核白质密度低下还与创伤后应激障碍（PTSD）症状及情感迟钝现象紧密相关。当事人会通过避免感知外界来保护自己。前面已经说过，回避型人类杏仁核的神经纤维统合性差，如果神经细胞本身进一步减少，其情绪反应就会更加淡薄。

众多报告指出，网瘾患者的前额叶不仅功能低下，还存在结构异常，尤其值得注意的是框额皮层的异常。框额皮层与人类压抑欲望、抑制行为、自我反省的能力相关，在善恶等价值判断方面也承担着重要作用。也可以说，它就是在遇到正确的事情时，让人打起精神努力去做的油门，也是在遇到不该做的事情时，告诫人不得涉足的刹车闸。一旦这个区域出现问题，人就可能在明知不利的情况下依然控制不住自己。沉迷网络游戏时间越长的人，这个脑区的体积就越小①。因为他们的神经细胞数量减少，脑区发生了萎缩。与没玩过网络游戏的人相比，玩游戏的人大脑体

① Zhou et al., "Orbitofrontal gray matter deficits as marker of Internet gaming disorder: converging evidence from a cross-sectional and prospective longitudinal design." *Addict Biol.* 2019 Jan；24 (1)：100-109.

积减小最明显的区域，就是右侧框额皮层。

有报告指出，女性在生完孩子后，右侧框额皮层会扩大，学界推测该区域具有专为"母亲"这个角色提供的功能。一般认为，后叶催产素的分泌导致了右侧框额皮层的扩大，这与和善、宽容的性格关联颇深。目前，人类的这一脑区正在萎缩。

没玩过网络游戏的人开始玩游戏之后，左侧框额皮层的体积会在短时间内迅速减少。东日本大地震后，曾有报告指出左侧框额皮层体积会因创伤后应激障碍而减少，这与人提不起劲儿、喜悦情绪缺失及自尊感低下的表现也存在一定联系。

除此之外，已有报告指出，网瘾患者负责调节共情与情绪、感知危险、管理注意力的前扣带皮层，以及与痛觉相关的岛叶皮层，体积也比一般人小。

保持距离才是安全之策

对回避型人类来说，游戏与网络很可能成为占据其大部分生活的重头戏。网瘾患者的大脑变化大概会演变成许多人共有的变化。

为了从过于残酷的神经性损伤和虐待中存活下来，人们不得不切断感知情绪的脑回路，抛弃感知情绪的功能，试图以此维持正常的精神状态。重度网络游戏玩家会在短时间内出现越战和伊拉克战争中的老兵经历一两年时间才会有的变化。他们每天花十几个小时进行不亚于军队的艰苦训练，抓紧锻造自己，结果炼就了一颗舍弃了罪恶感和良心的拷问、犹如杀人机器一般的冷酷之心。

他们会变成这个样子，一方面是因为对网络游戏产生了依赖症，另一方面也是因为这样做对他们来说是一种解放，能让他们活得更加轻松。要适应情感荒漠的环境，就必须丢弃情感和温暖，这样才能走得更远。隔绝感官会让他们卸下更多负担。

回避型人类便逐渐选择了这样的生活方式。

由此，他们将构建并不断强化同样的特征：自闭，缺乏情绪及共情能力，不关心孩子和育儿活动，用对待物的态度对待人，做什么事都无精打采，同时一遇到不合己意的事，马上就被强烈的怒意俘获，爆发出极具冲击力的攻击性。回避型人类具备的这种两面性将会向更加极端的方向发展。

冲动之下的爆发对回避型人类来说是危险的负面行为。回避型人类通过保持距离来确保自己的安全，这种举措同时还有着另一层意义，那就是当自己在过去的亲密关系中遭到排斥、被冷漠对待的经历被唤醒，从而陷入无力控制的愤怒或毁灭冲动时，这么做可以保护彼此不受伤害。为防万一，不与他人走到一起才是安全之策。

如果依然坚持和他人生活在一起，往往就会造成许多悲剧。家暴等所谓的家庭问题，正是双方以令人感到不适的亲密距离共同生活导致的结果。对此，最有效的处理方式就是夫妻分居。这也可以说明，此类家庭问题就是距离过近的共同生活带来的悲剧。

独居生活是基础

出于这样的原因，回避型人类最终选择了以独居为基础的生活方式，这可以说是自然而然的结果。有时，在育儿所需的最短时期内，回避型人类会破例与孩子生活在一起，但这个时期一过，他们就会迅速回归独居生活。还有些时候，回避型人类会与正处在甜蜜热恋期的恋人共同生活，然而同居生活结束后，双方往往都会对彼此满怀嫌恶。为了避免这样的局面出现，回避型人类一般不会与交往对象共同生活，只在约会时才与对方同床共枕，甚至还有越来越多的人连同床共枕都不愿了。

21 世纪初期，在日本开始有越来越多的人选择独居，部分老年人也成了独居人士。听说，保留着大家族生活方式的不丹人在得知这件事后还忍不住流下了同情的泪水。

虽然不丹的社会形式也在其后发生了质变，但当时的不丹，还是一个保留着强烈依恋的社会。不丹经济贫困，人民幸福感却很高，这一现象广受瞩目。毫无疑问，正是家人之间的深厚联系使得依恋机制保持稳定，从而让人们感受到了幸福。

与之相对，在个人主义发展到极致的瑞典社会，一个人孤独地死去已经是司空见惯的事情了。据推算，2020 年，在把瑞典奉为理想社会、一路追随着瑞典发展轨迹的日本，单人家庭的比例将超过 35%。独自一人孤独死去是一件令人畏惧的事情，但对回避型人类来说，孤独死可能是与自杀、安乐死比肩的最自然而然的死亡方式。

顺带一提，回避型人类不太会为死亡而悲伤。悲伤这种感情来源于失去依恋对象所感到的痛苦。没有依恋的回避型人类与失去对象的痛苦是绝缘的。与朋友分别，与同床共枕的异性分离，对他们来说仅仅意味着无法再获取对方具备的价值而已。甚至当面临常年共同生活的伴侣离开，或者父母的死亡时，他们都不会神思动摇，依然能够淡然接受。回避型人类偶尔也会愤怒于曾经照顾过自己的人不再照顾自己，但那不是对对方怀有思念或丧失之痛，仅仅是他们自私的怒气而已。对没有依恋的回避型人类来说，亲人都只能用价值来衡量。当然，什么亲人、家人，其实已经是一些他们根本不会提及的词了。

对团体的嫌恶与恐惧

谈到回避型人类，有一项对于理解他们的本性非常重要的特征，那就是对团体怀有强烈的嫌恶与恐惧。两个人已经是他们能够容忍的极限了，哪怕只是看到三个以上的人聚在一起的场面，他们都会浑身紧张，动作僵硬。只要看到几个人拉帮结派组成的小团体，他们就会产生犹太人看到新纳粹分子集团时那样的嫌恶与恐惧。

回避型人类遭受的威胁往往来自团体。对回避型人类来说，团体的威胁会成为自中小学时期受霸凌团体欺辱以来根深蒂固的创伤，他们的嫌恶甚至会被写进基因里。

回避型人类的祖先体会过的种种苦楚，随着遗传基因一代代继承下来，使得回避型人类只要看到众人群集的场面就感到心惊肉跳。他们看到众人聚集在一起，就以为是要说自己的坏话，筹划居心不良的阴谋，计划着怎么欺负自己。

看到有人亲密地凑到另一人身旁窃窃私语，他们也会感到不安，觉得自己的领地受到了威胁。他们不想和任何人做朋友，但看到有人与朋友玩得开心，又觉得自己仿佛被否定了，由此产生疏离感。

以回避型人类的伦理观来看，像这样关注他人、把他人和自我进行比较的行为，可能是从共情型人类那里遗留下来的愚昧糟粕，是未进化完全的回避型人类才有的行为。然而在现实生活中，很多回避型人类又确实无法抑制对团体或拉帮结派者的强烈嫌恶与警惕。

回避型人类的人缘与社交

对厌恶拉帮结派的回避型人类来说，三个以上的人聚在一起社交是极其罕见、仅限于特定场合才会发生的事情。回避型人类基本上不需要朋友。

不过，他们也需要互通音讯，需要一起玩游戏的网友，以及为自己的技术喝彩的观众。对于没有依恋的回避型人类来说，网友、观众可以是不特定的众人，这样才让他们觉得自在。与特定的某个人过从甚密会加大种种负担和风险。

在他们看来，靠近对人怀有贪恋的共情型人类，会对自己造成威胁，还会出现被纠缠、被跟踪的风险。对他们来说，被迫损耗情感能量是令人毛骨悚然、极不愉快的事。

回避型人类彼此之间倾向于选择保持距离的交往方式，因此可以相对无碍地以玩友的关系相处，基本上不会干涉彼此的隐私，也不会窥探彼此的心声。感情外露在他们当中极其罕见。

他们相互之间可以在保持距离的情况下自在地生活。保障到位的距离能够给予他们安全感与安心感。建立恋爱关系时也是如此，他们会通过文字来往，却很少采取直接见面的方式，因为那样只会引起他们的不快和失望。试图维持恋爱关系就不能太过了解对方，靠想象填充未知才是上策。

彻头彻尾的回避型人类具有稳固的回避型特征，制定了冷漠、明智的生存哲学，因此能够完全适应没有依恋的生活方式；但回避型特征还不稳固、尚未完全舍弃依恋的人，则会因心中暗自渴求他人的爱，不时与彻底的回避型人类爆发冲突。

适应巨大的网络

智人在一应物种中取得压倒性胜利的原因之一，就是拥有了维持大规模族群的能力。几千万乃至上亿名成员组成一个群体，形成分工明确的复杂社会，这是其他任何哺乳动物都模仿不来的绝技。在数量上能与人类匹敌的，大概也只有蚁群了。但蚁群的分工非常单纯，在复杂度上甚至不及人类的一个小小村落。

猴子形成不了如此大规模族群的原因大致有二——食物供给与沟通问题。以猴子所拥有的基础设施和经济系统，即便族群里只有几千只猴子，它们也无法创造和维持一个足以养活整个族群的食物分配系统。更进一步看，当族群内部产生矛盾时，猴子很难控制局势，它们的族群很快就会一次又一次地四分五裂，直到形成规模恰好的小族群。统领巨大的族群需要能够维持相应秩序的机制。因此，如众多学者所言，具有象征功能的抽象语言不可或缺。

然而，蚂蚁虽然没有掌握抽象的语言，却也成功维持着规模巨大的社会。为什么蚂蚁可以，猴子就不行呢？无论从智力，还是社会能力上看，猴子的优势都比蚂蚁大得多呀。

这是因为，猴子拥有依恋和作为个体的特殊性，而蚂蚁没有依恋，因此每只蚂蚁都没有特殊性，不具备自我意识，只会遵从集体的秩序和指挥。

拥有依恋的旧人类又如何呢？在过于庞大的网络世界里，仍然受个体共情关系束缚的智人会感到困惑。由于戴着依恋的枷锁，旧人类实际上更适应百人左右规模的社会，在这样的社会里，他们可以记住每个人的脸，彼此能够致意问好。数万人、数亿人形成的庞大社会，只能通过冰冷的光纤网络连接起来，这会让他们不由自主地感到不适。因为有依恋，有感性，即便面对的不过是冰冷的数字信号，他们也要寻求共情和人类情感的温度，无法变成彻底的机器。

克服这种异样的感觉是生存的必需，来自这种环境的选择压力会令人类舍弃依恋。

成功摆脱了依恋的回避型人类，通过削弱与每个回避型成员的联系，分裂族群，反而得到了适应更加庞大、复杂的网络世界的能力。回避型人类极不擅长应付人间情爱与温情，反倒更希望自己成为没有感情的机器。因为这样他们就不会感受到任何情绪，不用忍受任何痛苦了。这是与冰冷的无机质社会完美适配的特性。

事实上，回避型人类确实正在演变为机器。失去依恋意味着失去特殊的个体关系，个性、自我之类的概念都会丧失意义。"我"之所以有"自我"，是因为有人给予"我"特殊的爱。失去了特殊性，自我不过就是无数个个体之一罢了。到时候，人不再具有生的意义，也不再有对死亡的恐惧，生命没有意义，死亡也没有意义，因为自我的存在已经失去了意义。

人的情绪会爆发，在某种意义上是因为人还没有完全变成机器。人类为人的那部分试图掀起叛乱，夺回人的情感。

然而，如果人类变成机器的步调更加统一，拥有了舍弃情感的能力，那么野蛮的情绪暴动总有一天会销声匿迹。为了像昆虫一样仅仅高效传导信息，人类便不能把过多的精力花费在个体信息传导上。个体的情感只会浪费精力。回避型人类从其祖先所在的时代起就一直秉持着这样的生存信念。

避免暴露的沟通方式

　　所以，回避型人类的沟通注重节约精力、提高效率。他们不喜欢面对面沟通的原因不一而足，其中之一就是为了避免精力的平白损耗。当然，不喜欢与人见面也是一个重要原因。面对面直接交谈自不必说，就连透过屏幕以视频的方式交谈，他们也会觉得不适。

　　这样的倾向在回避型出生 4 个月后就会初现端倪[①]。未来会成长为回避型的孩子，即便是面对母亲，也不会与其长时间对视，很快就会移开视线。看到母亲，他们脸上也看不出高兴的样子，表情匮乏。母亲如果碰碰他们的嘴巴，安抚他们，他们盯着母亲的时间会稍微延长，但与母亲对视本身并不会给他们带来喜悦或慰藉，他们需要的是其他形式的安慰。

　　自幼时起，回避型从面对面中感受到的便不是喜悦，而是麻烦。尽管如此，他们也曾努力向共情型人类看齐，模仿共情型人

[①] Koulomzin et al., "Infant gaze, head, face and self-touch at 4 months differentiate secure vs. avoidant attachment at 1 year: a microanalytic approach." *Attach Hum Dev.* 2002 Apr；4 (1)：3-24.

类的一举一动。然而到了今天，回避型人类已经不再勉强自己，掩饰自己的特性了。他们停止了对共情型人类的追随，开始以自己想要的方式生活。

回避型人类几乎不与人直接会面，仅以文字完成大部分的沟通。这个方法可以免于暴露自己的真实面貌，因此成为最适合回避型人类的沟通方式。透过屏幕交谈的特殊方式仅限于关系相当亲近的人。很多人甚至觉得被人听到自己真实的声音就已经过度暴露了自我。

他们幽居在房间里，还要戴上护目镜，层层包裹隐藏自己。当身处由计算机创造的 3D 画面模拟出的虚拟现实环境中，而非直接接受外界的刺激和他人的视线时，他们才终于得以放下戒心。

就像人要穿衣隐藏裸体一样，对回避型人类来说，避免与人直接会面是极其理所应当的习惯和礼仪。不通过任何介质、直接面对面交流，就像把自己的隐私部位展示给人看一样，是一种催生紧张与不安的粗鄙离奇之举。

不喜欢面对面沟通的另一个原因是为了防范传染病。有着情感障碍的回避型人类免疫力都不太好，具有洁癖的生活方式进一步降低了他们的免疫力，再加上耐药菌呈蔓延之势，一旦出现机会性感染，就有可能让他们丢了性命。回避型人类未来的日常状态之一，大概就是时刻关注家里的空气质量，把家改造成正压清洁室，以免外部空气流入室内。

因此，回避型人类无法忍受自己与他人共处同一空间，呼吸同样的空气，觉得既不干净也不舒服。他们非常厌恶嗅到他人的气息，同时也强烈抵制被他人嗅到自己的气息。

模糊的自我存在感

回避型人类与共情型人类在内心构造上的重大差异在于，他们自我的存在方式与被感知方式有着根本性的不同。

在共情型人类眼里，自我就是他们感受到的自己，它与自己是一体的，一般来说可以十分确切地感受到它的存在。即使是在情感需求得不到满足或受到了心灵创伤的环境下成长起来的人，只要没有患上解离障碍，就不太会困惑于自己究竟是谁，也不会怀疑自己不是自己，并因此产生心理不适。即便需求未被满足、心生不快，人们也不太会产生自己的存在模糊不清的感觉。人类普遍坚信，自己是在当时当地切实存在着的。

然而，回避型人类的自我存在感并没有那么确定。有些人的自我是模糊不定的一团，有的像缠绕在自己身边的影子，还有的像必须努力展示才能保留的面具。

通常来说，回避型人类不了解自己期望什么、想做什么。他们的不了解并非故作谦虚，而是由于自我本身就模糊不清，不要说想法，他们就连情绪都退化了，除了不快和兴奋，无法产生其他任何情绪。

因此，想要确切感知到自己的存在时，回避型人类往往需要一些操纵手段，帮助他们把自己视作外物，像驱动齿轮一样控制自己。例如，在游戏里与网络自我合二为一时，他们才可以稍微感知到自我，以网络自我的形式得以存在[1]。还有些时候，他们在受到他人的领袖气质感召时，也会产生找到了自己的错觉。

---

[1] Choi et al., "Gaming-addicted teens identify more with their cyber-self than their own self: Neural evidence." *Psychiatry Res Neuroimaging.* 2018 Sep 30；279：51-59.

摒弃情感成就事业

　　帮助回避型人类开启通往成功与繁荣之门的，是他们的特征在商场上体现出的优势。技术的飞跃式进步加速了全球资本主义的扩张，由此带来了回避型人类在经济领域的成功。

　　在工业被同业公会等地缘组织和市场同盟卡特尔垄断的时期，支配工业和金融的力量很大程度上来自人与人之间的关联。既得利益者不允许其他人自由加入，以此确保自己的利益稳固，但这种受地缘与血缘限制的人际关系也成了阻碍自由竞争、效率提升和技术革新的主要因素。

　　在人际关系掌控话语权的环境下，回避型人类通常只能孤立求存，即便他们创造出独特的想法或技术，也只会因威胁到传统和既得利益而被视作异端。回避型人类的先祖们被社会排挤，几乎没有得到过公正合理的评价。

　　然而，随着商业规模不断扩大，技术革新与效率成为左右商业命运的力量，重视人情与人际关系的共情型经营模式开始难以维系了。

于是，回避型经营者有了越来越大的发挥空间。情绪不发达、性格冷漠的回避型不为人情左右，能够只通过利害得失判断经营情况。即便面对煽动人心或是血雨腥风的场面，他们也不会因一时冲动而做出错误的判断。很多人之所以判断失误，就是因为欲望、同情、恐惧等情绪扭曲了本应客观的判断。在牵涉心理战的商战里，情绪淡漠的一方显然更具优势。

自古至今的回避型成功人士

自古以来，许多有名将之称的人物都具备回避型的特征。

迦太基名将汉尼拔就是一个存在情绪缺陷的人物。他对待死亡漫不经心，就算是部下丧命也感受不到丝毫的痛苦和同情。这样的特性让他得以一门心思地追求战争的胜利。

织田信长也是患有严重依恋障碍的回避型人类。得不到母爱的他漠视身边人的感受，行事乖张，令人不快。他可以不为人情与先例所困，不顾家臣的意见，迅速推行自己独特的战略与改革方针。

然而，汉尼拔和织田信长虽然积威甚重，却无人爱戴。他们不把人当人的行为招致怨愤，最后都尝到了失败的滋味。

顶尖的回避型人物即便一时权势滔天，最终也会被不满者打倒，这已经是迄今为止的固有走向了。

就近来说，曾解雇数千名员工、带领日产起死回生的卡洛斯·戈恩（Carlos Ghosn）落马一事，就是这类事例之一。戈恩是理科生出身，有着这类人以数字解决一切的行事风格。这种风格为他带来了众多追随者，赢得了魄力经营者的名声。戈恩的折戟是因为他机巧的计算能力有所懈怠。回避型经营者一般都不受大众待见，但戈恩却常常出现在媒体报道中，甚至一度凭借神似憨豆先生的幽默风采广受喜爱。

可见，回避型中的顶尖人物所处的形势已经发生了显著变化。

在"活力门"事件中损害了众多股东利益、被判有罪的堀江贵文，成功东山再起，成为年轻人的偶像。他的魅力大概就在于冷酷地分析事物，并利用离奇的想法大刀阔斧地解决问题。比起温情，时代更需要锋利的冷静与透彻。不少年轻人都希望自己成为像堀江贵文一样的人。

对于大型企业的经营者来说，他们的一个想法就可能让数万员工迷失方向，产生数千亿日元的损失，他们必须顶着这样的巨大压力做出正确的判断。因此，对员工的同情、疼惜，对巨额损失的畏惧，如果太过强烈，只会成为阻碍。在任何情况下，经营者都要一如既往地保持冷静，只着眼于客观事实，完成自己的任务。

过度在意他人评价的焦虑型依恋者会被他人的反应与情绪牵着走，很难做出中立的判断。安全型虽然没有焦虑型那么夸张，但也会考虑到每个人的情绪和人生，因此无法像回避型那样漠视他人的命运。最重要的是，珍视互信关系的安全型依恋者不会为了获取利益而辜负对方的信赖。

在这一点上，顶尖的回避型人物不仅能漠视身边人的评价和情绪，在必要的时候，由于并不重视互信关系，甚至还能满不在乎地舍弃他人。为了保障公司利益，他们可以舍弃数千名员工。

如今享受着成功的商务人士都呈现出强烈的回避型风格。没有回避型特征的人无法扛起重责大任，也没有实施裁员所必需的冷酷。

微软公司创始人比尔·盖茨（Bill Gates）自幼时起便记忆力超群，却难以理解他人情绪，几乎交不到朋友。母亲对他的情况十分担忧，甚至想过让他留级一年①。但是，比尔·盖茨不善交际和共情能力低下的弱点，在他走上经营者的道路后，反而成了微软大获成功的重要原因。比起互信关系，他更倾向于严格遵守法律规定。

比尔·盖茨以开发 Basic 语言为切入口，创造了今天被称作 Windows 的操作系统，这款产品经历了多次被模仿、篡改、挪用的风波。不仅是对竞争企业，就连对客户和员工，比尔·盖茨也严格要求对方遵守契约精神。这一举措保住了微软的优势地位和知识产权，奠定了微软发展壮大的基础。

微软的经历与很多日本企业形成了鲜明对比。这些企业有的与外企签订模糊合同，结果损失了几千亿日元的资产；有的遭前

① ジェームズ・ウォレス、ジム・エリクソン『ビル・ゲイツ—巨大ソフトウェア帝国を築いた男　増補改訂版』奥野卓司監訳　SE 編集部訳　翔泳社　1995。

员工泄密，很快便丧失了市场优势。想培养出切断人与人之间的互信关系、以合同约束一切的冷静思维，就必须具备回避型人类不为值得信赖的美名所牵绊的冷酷。

不过，有一点可不要误会：回避型人类并不会全然展露无情的态度。表面上看，他们反而非常重视人与人之间的信赖，珍重亲密的伙伴关系，人情味十足。或许，他们嘴边还经常挂着"员工就是家人"之类的话。

马基雅维利曾经说过，对真正的君主来说，重视他人的信赖是一种缺陷，但做出重视他人信赖的姿态则是美德。

马基雅维利理想中的君主正是具备回避型特征的人物，在必要时能够毫不犹豫地背叛对方，即便是对曾经表现得十分亲密的人也一样。君主要有令对方掉以轻心，继而突袭对方后背的冷酷之心，表现亲密只是用来麻痹对方的陷阱。

马基雅维利的思想在回避型人类看来不过是尽人皆知的"常识"。每个回避型人类都会像马基雅维利理想中的君主那样思考、表现。回避型人类对他人表现出亲密的姿态不过就是为了麻痹对方，他们在内心中并没有怀着任何亲近、信任对方的想法。这就是回避型人类的标准感情，也是他们的思考模式。

从幕后来到台前

　　在回避型人类与旧有的共情型人类的生存之争中，一开始似乎是共情型人类占据了压倒性优势。共情型人类成群结队，长于结党，也能够共享热情。

　　一开始，回避型人类以参谋的身份替共情型领导者分析形势、献计献策，助共情型人类收获成功，以此崭露头角；也有的作为研究人员或学者，承担着与共情型人类同样的职责。不过无论是何种身份，他们都很少显露于人前，只擅长在后方做一些战略性或技术性的支持工作。回避型人类自己和他们身边的人也一直认为，他们不得不接受如此境遇，因为他们不怎么擅长处理人际关系，更别说领导他人了。

　　说实在的，如果看到小学时代的比尔·盖茨，大概没人会觉得他适合当一家企业的领导者。人们肯定会认为，比尔·盖茨也许能成为技术人员或学者，但决不适合统率他人。

然而，现实情形却并非如此。常识出了错。比尔·盖茨成了世界上屈指可数的大型企业的领导者。人们用固有思维描绘的企业领导者形象已经过时了，这些过时的经营者面对微软这种勃发的新兴企业，只能无奈落败。

比尔·盖茨创造出了前所未有的新型企业。他的企业员工彼此不受束缚，能够按照自己的步调开展工作。会不会奉承上司、同事关系如何，都不会对绩效产生丝毫影响，员工对企业的贡献以数据的形式精准呈现。员工不用在上司、同事身上花费心思，可以把精力全部投入到如何提升企业业绩和效率的思考中去。

最终，比尔·盖茨创造出了让回避型感到舒适的优异环境。对计算机比对人更亲近的人毫无疑问都是回避型，这样的环境对IT技术员来说简直就是乐园。众多人才闻风而来，构成了微软蓬勃发展的原动力。

共情型企业倡导"员工就是家人"，但就在员工为打好同事关系和上下级关系耗费心神，忽视了核心的研发业务时，原样引入回避型作风的新型企业群体已经席卷了全世界。在竞争中落败的共情型企业，最终只能毫不客气地开除"家人"，走上并购重组的道路。回避型企业则建立起压倒性的技术优势，并通过滴水不漏的合同打造出法律防护机制。

　　如此一来，商场形势发生逆转，回避型站到了更胜共情型的位置上。

爱物胜过爱人

回避型人类在工业领域的成功与他们的另一个特征关系匪浅，那就是爱物胜过爱人。

这个特征在他们 3 岁左右就会显现出来。它的形成有一个重要的条件，就是当事人几乎没有受到过养育者的关怀，被人长期忽视。除了被父母忽视的情况以外，被长期寄养在托儿所等经历也会培养出当事人爱物胜过爱人的倾向。即使是在托儿所待半天和待一整天，对物的依恋程度也会有所不同 ①。因此可以说，母亲忙于其他事务，无法看顾孩子，对制造业的发展来说或许算是一件好事。

制造业引领了工业革命之后的现代工业。对物比对人更亲近，爱物、恋物的回避型人类先驱，发挥出他们的特性，成为优秀的工匠和技术员。

众多不关注人，反而对物投入了超常关注与热情的先人，制

① Fortuna et al., "Attachment to inanimate objects and early childcare: A twin study." *Front Psychol.* 2014 May 22；5：486.

造出了不存在于自然界的物品，使之成为人类产品。电灯、自行车、无线对讲机、聚乙烯、氮肥、抗生素等种种产品，均以其功能改变了世界。对这些发现、发明起到核心作用的，正是回避型人类的先驱。如果没有他们对物异乎寻常的爱，我们恐怕享受不到其中任何一项发明带来的福音。这些产品并不是必须存在，不存在反而才是正常的。但是，自从它们出现后，我们便已无法再想象没有它们的世界了。

不过，恋物倾向并不是回避型人类的专属，身为旧人类的智人也具备这一特征。智人使用的工具比尼安德特人发达，因此得以称霸世界。

回避型人类区分于智人的更明显特征在于，他们对物的爱还可以转换为对信息的爱。相较于物，回避型人类更爱信息。他们爱物胜过爱现实里的人，爱信息又胜过爱物。人与物都会更迭，但信息却可以永久留存。从技术上来说，只要有完整的 DNA 信息，就算是人都能被随时复原。没有依恋的回避型人类，对物的亲近超过了人，对信息的亲近又超过了物。

所谓依恋，就是一个人与另一个独一无二的具体存在之间的特殊关系和联结。依恋很容易受到伤害，也很容易离人而去。越不具体、越抽象的东西，就越不会被人依恋，没有鲜活的气息。但这样的东西不会消亡，也不会腐朽，正合回避型人类的喜好。

信息具有物的性质，可以用对待物的方式加以处理，而且处理起来比物更加简单。物需要存放场地，信息则并不需要。在必要的时候，信息可以随时转化为物，不需要的时候，也可以随时从界面上消失。信息更方便、更快捷，不受各种各样的束缚。不擅长人际沟通的回避型人类在数据处理方面反而得心应手。

人际关系在被替换为数据处理后，也从情绪化的关系变成了单一的机械操作。在回避型人类看来，现实中存在的事物与虚拟的信息并无不同，虚拟等同于现实。而受困于现实的共情型人类根本无法适应信息占比远超现实的环境，依恋机制把他们束缚在了现实世界里。

在过去，回避型人类因不擅沟通，始终面临着无处获取信息的困境。但信息革命爆发后，他们便得以经由网络轻易获取信息，其丰富程度远远超过与人接触所能获取的。回避型人类是网络革命中受益最大的群体。

不断追求刺激

回避型人类既不关注也不渴求亲密关系、情感和关爱。他们通过依恋获取的快感正在退化。

然而，生活需要快感。那么，回避型人类如何获取快感呢？

人类原本就具备快感机制。没有快感，人是活不下去的。抑郁症会并发快感缺失，抑郁症病情危重时，患者感受不到任何快感。

与忍受痛苦相比，没有快感或许算不了什么。然而实际上，感受不到快乐的人会萌生死志，因为生存对他而言只剩下了痛苦。对于人的生存来说，快感就像氧气和水一样不可或缺。

感受快乐的机制对生存极为重要。人类大致拥有三类快感机制，它们在某种程度上可以互为补充。

其一是在食欲、性欲等本能欲望得到满足时产生的满足感与快感，人会在此时释放内源性大麻素，获得快感。

其二是在努力达成、掌握了一些事情后获得的成就感。此时大脑纹状体会释放神经递质多巴胺，使人获得快感。这不是日常的感受，而是在历经艰辛、最终达成某件事的一瞬间所得到的奖赏。有了这样的奖赏，辛苦才有了回报。

其三是与所爱之人彼此接触、彼此照顾而获得的快感，它需要后叶催产素的参与。后叶催产素就是依恋的基础。

游戏至死

依恋淡薄的回避型人类，其催产素系统发生了退化，几乎感受不到催产素带来的快感，也不需要这样的快感。因此，回避型人类不为离别感伤，也能淡然面对孤独的生活。不过，他们并不是不受任何影响。

原本分为三类的快感机制中，有一类失去了作用，能够得到的快感减少了，就必须通过其他两类机制补足。

解决这个问题最好的办法，就是通过努力达成某件事，或者纵情玩乐，又或者学会某项技能以获取满足感。

历史学家赫伊津哈（Johan Huizinga）看到人类对玩的偏爱，将人类称为"游戏的人"，论述了人类如何沉迷于游戏，牺牲了其他东西。沉迷于历史学这项游戏的赫伊津哈，无疑也是一位回避型人类的先驱，他的主张对理解回避型人类的根本驱动力大有助益。

回避型人类没有生存的意义，也不需要生存的意义。对他们来说，一切皆为虚无，毫无意义。即便找不到生存的意义，他们也可以维持生存。他们就像尼采所说的超人一样，如孩子一般享受游戏、持续不断地游戏。在他们眼中，一切都是游戏、试验、幻想，这些事物的意义就是令人忘记自我。他们需要能让自己沉迷的游戏，以此生存在空虚和没有价值的世界里。

回避型人类最大的乐趣就是掌握各种运动、棋类、电子游戏等竞技技能，在竞争中取得胜利。然而现实中，真正能在竞赛中得胜的人不到 1%，其余 99% 都是败者。他们释放不出多巴胺，获取不了生存所需的快感。

于是，社会发展出了合乎每个人的实际水平、让每个人都能在享受完酣畅淋漓的比拼后险险得胜的机制——电子游戏。有了电子游戏，无论优劣，任何人都能体会到成就感。每个人都有了成为英雄的机会。

玩乐系统化后形成的电子游戏，就是回避型人类的大麻。它让回避型人类忘却生存的无意义，获取必需的快感与兴奋。电子游戏诞生后，即便不依赖大麻、酒精，回避型人类也能得到生存必需的快感了。

电子游戏尚未发明出来的时候，在与对手的竞争中落败、难以从现实世界获得成就感的人，一般要么沉湎于酒精、毒品、购物，要么过着暴饮暴食、纵情声色的日子。

电子游戏能够以高效而安全的方式刺激人类释放多巴胺，人类因酒精成瘾患上肝硬化、在色情场所感染性传播疾病（STD）的风险也因此得以大幅降低。

当然，电子游戏并非有百利而无一害。现在已经有一些人因过度沉迷游戏引发额叶萎缩，年纪轻轻就出现了类似认知障碍的症状，但与饮酒过量导致食管静脉瘤破裂、吐血身亡，又或是麻醉剂注射过量、体温骤降四五度致人猝死等情形相比，电子游戏的致死率低得多，在安全性上有着绝对优势。极其少见的情况下，过度沉迷游戏也会致人心力衰竭，长久坐在电脑屏幕前也有可能导致经济舱综合征症状，因血栓阻滞肺动脉而令人身亡，但其发生的概率很低，和飞机坠毁的概率差不多。

并且，回避型人类的理想就是忘我地投入游戏，直至死亡来临。换言之，玩着玩着丢了命就是他们的理想死亡方式。

向药物寻求帮助

对回避型人类而言，新奇的刺激与产品会给他们带来与游戏共生所需的快感。追求新奇刺激的倾向也与多巴胺系统的功能相关。新奇的刺激与产品促使多巴胺分泌，让人产生满足感，尽管只有短短一瞬间。

回避型人类不在意人与人的相遇和分离，他们被新上市的产品、应用所提供的新奇刺激深深吸引。依恋淡薄也意味着他们不迷恋那些人类向来亲近的事物，换句话说，他们喜好新奇的刺激。

新奇的刺激和产品给予回避型人类的兴奋，弥补了基于依恋的快感的匮乏。因此，回避型人类需要时刻迎接新的模式、新的内容，一旦变化停滞，他们就会马上丧失热情。某样事物要维持人气，就必须不断推出新鲜的内容和创意。为了创造令人永不厌倦的变化，人们一刻不停地消耗着自己的创造能力。

这样的举动没有意义，但可以持续地制造变化。这些变化被提供给回避型人类，确保他们获得生存必需的快感。创意者的才气受到尊重，如帝王一般被人景仰，因为人们将其视为制造生存快感的源泉。

游戏成瘾、疯狂追逐新奇产品就是回避型人类所推崇的最健康的乐趣。

不玩游戏、不搜索新产品，反倒值得警惕。当一个人从游戏和新产品中都找不到乐趣的时候，也就失去了生存的意义。

这个时候，他就只能依赖药物了。事实上，很多回避型人类都无法仅凭游戏维持精神的安定与活跃，需要寻求药物的慰藉。中枢神经兴奋剂、抗抑郁药物、精神安定剂、催产素受体激动剂都是广受欢迎的药物。

借助药物控制自己的精神和身体状况在回避型人类中是十分常见的现象。觉得心情低落了就使用让自己兴奋的药物，想冷静的时候就使用让自己冷静的药物，需要集中注意力时就使用提升注意力的药物，想放松时就使用能够消除紧张与不安的药物。

未来，对药物的依赖和对游戏的依赖或许不会再像从前那样被人当成"依赖症"。人们大概会把它当作生存必备的行为，就像吃饭喝水一样。也许戒掉游戏、停掉药物的行为反而会被诊断为危险的前兆，届时将有人工智能与当事人对话，安排上门看护或预约咨询服务。

执着于物 vs 无欲无求

回避型有多么不依恋人，就有多么依恋物，因为物比人更值得信赖。然而，即便是恋物的回避型人类先驱，也并不一定具有很强的物欲。很多人耗费了大量时间收集邮票、昆虫、硬币，花费大部分钱财收集美术品、古董车，最后却留下遗嘱，把全部藏品捐赠给公共机构。对他们来说，收集得来的物很重要，但他们并不在意是否一定要将这些藏品作为财产传承给子孙后代。比起子孙后代，自己的收藏才是重点。

当然，也有些回避型先驱受到了物欲与所有权欲的掌控。幼年时情感满足度低，且体会过贫困滋味的人，会表现出恋物、贪财的倾向。不过，这样的人并不是真正的回避型人类，他们还保留着非回避型的特征。真正的回避型人类不会被对某一具体事物的欲望俘虏，他们喜爱抽象的信息，在抽象的信息里探索极致的美，徜徉在秩序井然的信息空间里，品味最美好的愉悦。也有人借信息预知现实，获得了巨大的收益。但这些人的兴趣并不在利益本身，而在于构建产出利益的体系。

回避型人类的先驱中不乏聚集了巨额财富的优秀经营者，但出现这一结果并不是因为他们为人贪婪，反倒是因为他们没有被欲望迷惑，故而可以做出客观判断。无论多么巨大的财富，落在回避型人类眼里就只是单纯的数字而已，和游戏里的金币没什么两样。他们热衷于把数字变大，当获得的奖赏又多了一两位时，也会激动地大呼快哉。但他们做出这样的举动并不是因为贪欲——也就是获取金钱的欲望得到了满足，而是因为他们按自己的计划行事，取得了游戏的胜利。游戏结束后，到手的奖赏就没什么价值了，只会沦为无聊的既定事实。

　　难以积蓄财富的狩猎采集者不沉湎于私利私欲，过着比子孙后代平等得多的生活。同样，克服了依恋限制的回避型人类并不会给自己爱的人留下财产，因此积蓄财富对他们来说是没有意义的，执着于欲望也没有必要。

　　正如狩猎采集者享受自己的日常生活一般，回避型人类也只想享受仅有一次的人生盛典。他们没必要担心盛典何时终结，因为到了那个时候，世界上已经没有这个人了。

　　回避型人类欲望匮乏的根源之一在于情感淡漠的成长环境，但这并非唯一的原因。自小物质生活丰富也与欲望匮乏有关。他们无须索求，需要的东西自有人准备齐全，即便偶尔碰到不开心的事或是短缺了什么，伸伸手就能得到满足。欲望能被轻易满足，就不会变成强烈的愿望或追求，也没有成为回避型人类行动的动力。

　　拿到新产品，赢得游戏，获得奖金，这些事为回避型人类带来了快感，但快感的产生并不是因为所谓的物欲、财欲得到满足，真正有价值的仅仅是他们得到的新奇体验和瞬间的兴奋感。

强烈排斥闲话与坏话

强烈排斥闲话与坏话的回避型人类看上去冷静又稳重，不过上文也提到过，一旦被激怒，他们就会显露出激进的一面。为了避免误解，这里再补充说明一下：这并不意味着回避型人类好战或充满攻击性，实际情况完全相反，回避型人类基本上都是和平主义者，不喜争斗。

只有在遭受巨大压迫、超出自己忍耐边缘的时候，回避型人类才会爆发怒气。一般情况下，他们常常都会极力克制自己的攻击性，因此很容易堆积压力。他们对来自他人的攻击非常敏感，尤其是语言暴力。这大概也与回避型人类的祖先一直饱受欺凌与恶语之苦有关。反复体会的经历引发了遗传基因的变化，一代代传承下来。

回避型人类不喜风言风语的特征或许也是出自这样的原因。他们的祖先常常受到闲言碎语的攻击，心下厌倦不已，这一现实大概已经镌刻进了这个群体的遗传基因里。

　　反过来，旧人类智人的特征之一就是爱传闲话，这么说并不为过。对共情型人类来说，讲他人的坏话或闲话有助于分辨听者是否与自己站在同一阵线，同时这一举动又能够影响听者的想法，将其拉入己方阵营，具备孤立敌人、将其逼入不利境地的政治意义。还有学说认为，正是缔结党羽、探察人心、操纵政治的社会性智力引发了人类的进化①。

　　依然相信正义与人性本善的人，会期待这些言语批评能够净化社会的不正之风。然而在现实中，闲言恶语却往往会把弱者逼到绝路，有时还会导致当事人自杀。另一些人则凭空捏造谣言，实施政治诱导。只有在偶然情况下，传言才会导致当权者被投入牢狱，起到阻止当权者肆意妄为的净化作用，但在此之后往往又会招致更大的混乱。

　　如果闲言碎语导致"舆论成型"成为现实，那么以舆论为正义根基的民主主义就必然陷入险境，奉行民主主义将无法防止不公现象的出现，战争与屠杀甚至有可能得到世人的狂热支持。

---

① アンドリュー・ホワイトゥン、リチャード・バーン『マキャベリ的知性と心の理論の進化論Ⅱ　新たなる展開』友永雅己、小田亮、平田聡、藤田和生監訳　ナカニシヤ出版　2004。

回避型人类具有不与闲言恶语为伍、不易被他人评价左右的特征。他们本能地厌恶"舆论",不相信民主主义。这是因为,回避型人类向来就被排除在少数服从多数的民主讨论的范畴之外,蒙受着利益损失。当他们的祖先被欺凌、被孤立的时候,没有人真心帮助他们。按照多数派的意见,受欺凌的回避型人类祖先才是过错方。

民主主义真正能做到的仅仅是令多数派的意见正当化,这与其倡导的理想背道而驰。它非但没有消除欺凌,反而助长了欺凌的风气。因为欺凌与民主主义的本性密不可分。比起通过商讨得出正确答案,以背地里的窃窃私语和坏话决定重要事项的情况要多得多。在这个过程中,遭人冷待的总是回避型人类的祖先,以至于在回避型人类看来,一个能令所有人噤声的强权独裁社会,反而胜过一个闲话、坏话四处乱飞的社会。

最终,监控一切、以数据管理一切的管理型社会来临,将回避型人类从不利的境地里拯救出来。数字化的网络社会里同样充斥着欺凌与排斥,它们大都是共情型人类混淆了网络与现实,在网络世界里也和在现实中一样感情用事的结果。网络与现实的决定性差异在于,网络上每个人的言行都会以数据的形式毫无保留地记录下来。自以为隐秘的欺凌行径，其实早就在网络上留下了把柄。而对于回避型人类来说，比起现实世界，数字化的网络社会规则明显更加简单易懂，也更易于应对。并且，相比于现实中的人际关系，他们在网络世界里能言善辩，沟通能力强，更易于推动事物往有利于自己的方向发展。

网络社会会是新型的民主主义社会吗？不，总归还是不一样的。网上的回避型人类不是民众，而是一个个的个体。他们不可能熟悉倾覆王权的理念和社会体系，没有身为民众团结一致的理念，不渴望拥有同伴。如果说聚在一起说些闲言恶语，以此建立共识的人际关系就是"同伴"，他们就更不需要所谓的同伴了。

回避型人类追求的是个体的完全平等与公平。乍看之下，这与民主主义的理念不谋而合，但实际上却似是而非。民主主义探讨的是欺骗国民的表演艺术，为富于煽动性的政治家提供了舞台，只会威胁到社会的未来。回避型人类则厌恶打感情牌的煽动政治，唯有诉诸证据的证明方式才会为他们所接纳。这体现的不是民主主义，而是实证主义。拥有决策权的不是民众一时的情绪，而是用作证据的数字。回避型人类的关注点往往在于某件事发生的概率有多大，没有人会去聆听无法用数值体现的情感。

共情型人类倾向于通过主观恶评和背地里的坏话来缔结同盟（或彼此仇视）、排除异己，他们与回避型人类之间的隔阂，恐怕比信奉地心说的淳朴民众与试图通过科学验证理解事实的现代人之间的隔阂更深。

第 6 章

回避型社会畅想

现代福利国家瑞典

提到回避型人类，大家可能会觉得那是还很遥远的未来话题。然而实际上，在通往回避型人类的进化之路上遥遥领先的社会，已经存在于现实当中了。它就是瑞典。瑞典的历史与现状揭示了我们不远的未来。

瑞典是人们理想中的福利国家，也一直被日本当作社会发展的范本。时至今日，人们依然对瑞典的福利制度与医疗制度怀着强烈的憧憬与赞叹。然而说句实在话，一旦了解了瑞典的现实情形，我们恐怕也会怀疑，把瑞典当作追逐的理想是否真是一件好事。

追求极致公平和个人主义的瑞典人

瑞典的福利制度无疑与其国民性紧密相关。毕竟，福利制度要在本国得到支持，繁荣发展，就必须能够顺其自然地被国民接受。

　　一个从摇篮到坟墓，覆盖个人全部人生的完善福利制度是怎样贴近了瑞典人的国民性，进而发展起来的呢？

　　客观论述国民性是一件相当困难的事情。不过，如果外国人的所见所闻与瑞典人自己的看法有重叠，那么大概还是具有一定可信度的。

　　论及瑞典人的特性，本国人和外国人共同指出了一点，那就是瑞典人在人际关系的建立上面临着巨大的困难。首当其冲的就是表情和情绪反应的匮乏。瑞典人对他人毫不关心，冷淡至极，以至于外来人员难以适应，甚至抨击瑞典社会是"真空社会"。瑞典人还以缺乏幽默感著称[1]。

　　相应地，在瑞典，合理主义、功能主义过度发达，信奉者众多，得到了高度评价。无论在家具、汽车，还是在社会制度、社会理念方面，瑞典人都极力排斥无用的虚饰、装点，重视实用性和本质。据说，瑞典人对物质世界相当沉迷，1/4 的化学元素都是瑞典人发现的。合理主义的思维模式还体现在他们非常重视统计这一点上。统计活动由国家层面统筹，精度极高，国家根据收

---

[1]　武田龍夫『福祉国家の闘い　スウェーデンからの教訓』中公新書　2001。

集来的数据进行决策。瑞典人倾向于科学思考，尤其擅长系统化梳理①。他们讨厌闲话和争论，尊重沉默与切实的行动。他们最重视的价值观就是公平与平等。

瑞典人的另一个显著特征是彻头彻尾的个人主义。他们从孩提时代起就被要求独立自主，完全不喜欢依赖他人。撒娇耍赖是不被允许的行为。瑞典女性生完孩子立即上班的现象十分普遍，她们无法停下来慢悠悠地照顾小孩。因此，瑞典的孩子很早就学会了独立生活。很多人满 16 岁就搬出去与同居对象合住，社会对此也表示支持。

即便合住，男女双方的关系也是对等的，容不得撒娇与依附。某项研究发现，在瑞典男性看来，瑞典女性并没有给他们带来安宁或慰藉，反而使他们神经紧绷②。

就连面对伴侣的时候，瑞典人感受到的都不是轻松、安详，而是紧张。瑞典男性大概陷在一边渴望触碰躺在身旁的美丽肉

---

① 武田龍夫『福祉国家の闘い　スウェーデンからの教訓』p.15　中公新書 2001。
② 同上书，p.128。

体，满足自己的性欲，一边又心生畏惧，无法靠近对方的两难境
地里。

　　无论如何，瑞典人已经将个人主义发扬到了极致，自己的问
题自己解决是其基本处事态度。不仅是伴侣关系，就连亲子关系
也要遵循这一原则。

　　在这样的环境下成长起来的孩子，对父母的态度也很冷淡。
就算父母住进了养老院，孩子也很少会抽出难得的休息时间前去
看望。偶尔去一次的时候，他们也会彼此拥抱，表达相亲相爱之
意。但正因如此，无论有多少空闲时间可以探望父母，孩子也不
会频繁到访，反而更倾向于悠闲地度假。正如父母极力避免照
顾孩子，把这项任务交给公共机构一般，孩子也不会亲自照顾
父母。孩子由社会照顾，年老的父母也由社会照顾。为了不成为
彼此的牵绊，亲子关系趋于形式化，成了双方再会时上演的一出
戏码。

　　很多人只同居不结婚，还有很多人过着独身一人的生活。夫
妻关系、亲子关系都欠缺亲密度，普通的人际关系就更不必说
了。人们相交如水，保持着表面的美好。为了搞好关系而花费精

力和钱财只是在做无用功。这样的特性必然会导致一个令外来
人员略微感到失望的结果，那就是酒馆、歌厅等场所的消费相对
昂贵，数量也很有限。尽管如此，相比于从前，如今这类场所的
数量已经增多了。据说在差不多 20 年前，斯德哥尔摩修过一条
啤酒街，结果没多久就倒闭了。瑞典人不太喜欢聚在一起喝酒喧
闹，更喜欢独自一人默默饮酒。

　　由于自小成长在需要自立的环境下，瑞典人即使遇到问题，
也很少会找人商量或求助。反之，当别人遇到问题时，他们也
会冷淡以对。因为那是当事人自己的问题，轮不到周围的人想
办法。

　　回避敞开心扉的亲密情感联系，喜好流于表面的人际关系，
是典型的回避型行为模式、回避型生活方式。重视合理主义与公
平这点也与回避型人类冷酷的价值观紧密相连。生活在人情关系
里的人会觉得这样的思考方式过于冰冷。因为所谓公平，就是无
论对家人还是陌生人全都一视同仁，违反了法律就要判处同样的
刑罚，伤害了自己的人，无论是自己的孩子还是陌生人，都会成
为敌人。所谓公平，还隐含着孩子告发父母、亲子法庭相争的无
情场景。

如果彻底履行合理主义和公平、平等概念，人类就会成为完全独立的个体，父母子女的角色将不复存在。这与利己主义、漠不关心他人的行为之间的关系就像硬币的正反两面。两面合在一起，就构成了回避型依恋这枚硬币。

瑞典回避型人类的增加源自早早开启的工业化道路，以及极力避免照顾家人这种生活方式的转变。

至此，瑞典人重视实际利益胜过人情的国民性就与合理而完美的福利制度紧紧结合在了一起。彻底追求合理性与公平性的完美福利制度应运而生，被贯彻到极点的管理制度平等地施加在每个人身上。

把孩子放到托儿所，父母就能不受育儿的束缚，专注于工作、学习、恋爱。人们创造了从育儿这一生物学宿命与"非生产性的家庭"中解放出来，努力实现自我价值的机制。孩子的成长有一半都交给了社会，不必放弃生子或恋爱，照样能持续追求自我价值。

这就是令人们狂热追捧，如今依然拥有众多拥趸的瑞典式福利制度。据说，"福利"一词原本就包含"幸福"的意思。可以

说，福利正是支撑人类幸福的机制。问题是，瑞典模式作为支撑
人类幸福的机制，是否真的运转良好？

福利社会破产

瑞典的福利制度曾经是其他国家追逐的目标，广受推崇，然
而从 20 世纪 80 年代起，它开始暴露出各种各样的问题。

首先出现的障碍是财政负担过度膨胀，因此每个人承载的负
担也过度沉重。想要打造全方位的优厚待遇，实现理想的保障措
施，成本是巨大的。政府无法降低已经落实的福利标准，人口老
龄化问题又掺杂其间，享受福利待遇的人不断增多。

一旦各种福利可以免费使用，不享受福利就等于损害了自己
的利益。于是，原本可以自费解决问题的人也开始依赖公共服
务。举例来说，原本努力自己抚养孩子的人开始把孩子送到托儿
所，原本亲自照顾父母的人也开始理所当然地依赖其他人。

20 世纪 80 年代，经济活力衰退，随之而来的是税收无力覆
盖膨胀的成本，再加上公共服务固有的低效率与高成本特性的影

响，国民被迫承担起越来越沉重的负担，纳税人的负担率（税金及社会保险费）一度高达 75%。赚 20 万元，真正拿到手的只有区区 5 万元而已。这还是平均值，偶尔有些时候，纳税人的负担率甚至会超过 100%。政府发的比自己赚的还多，这样的奇观也在现实中上演。凭全世界追捧的童话《长袜子皮皮》而为人熟知的阿斯特里德·林德格伦（Astrid Lindgren）女士，就曾因为某一年的收入被征了 102% 的税而与当时的执政党爆发了激烈冲突。另一方面，捏造借口请假不上班，拿到的钱还是和别人一样多；无论有工作还是没工作，大家到手的收入都相差不大。这样的情况进一步削弱了经济活力，制造了社会的闭塞感。

与之相对，福利服务开始了注重效率和缩小范围的进程。具体措施包括提高养老金领取年龄及福利服务的自费比例，降低失业保险额度和儿童补贴。政府遏止了越享受福利就越占便宜的情况，调整方向，让民众在某种程度上依靠自己。

总之，以瑞典模式为代表的高福利政策往往会带来服务效率低下、民众依赖度过高、高成本伴随国民高负担、经济活力低下等问题。这些都是经济系统的问题。应该说，这些问题是可以通过提高自费比例、将公共服务移交民间管理、强化经济原理等措

施，在某种程度上加以修正的。事实上，政府已经在这些方向上
发力调整了。但是，问题仅限于此吗？

有没有什么更加重要的问题被人忽视了呢？瑞典模式真的有
助于人们获得幸福吗？让国民交出 3/4 的收入（经调整，目前为
不到六成），花费几乎一半的国家预算扶植起来的福利，真的让
人们变得幸福了吗？这就是问题所在。它是真正意义上的另一重
阻碍。

幸福感的缺失

去瑞典养老院视察过的人，看到在设施齐全、环境舒适的养
老院里悠闲度日的老人们，肯定会心生感慨，觉得"真不愧是瑞
典"。然而，如果与生活在那里的老人们交谈一番，你就会发现
一些不同的东西。有人讲述无人探访的孤独，有人抓着来访者的
手，嘴里说着"别走"，还有人叹息着说："是谁把国家弄成了这
个样子啊？"外界看来冷漠、不喜欢与人闲谈的瑞典老人们太孤
独了，孤独到就连有外国人来访，他们也会情不自禁地抓着对方
说话。

深谙瑞典福利制度的武田龙夫说过，瑞典的制度和机构是合理的，但几乎不存在人与人的交流。瑞典社会内部也有政府巡视官报告过老年人生活孤独的社会现实[①]。与之相反，日本的福利机构在这方面的情况远远好过瑞典。来日本视察的北欧专家说，福利机构的员工与老人之间的人际交流给他们留下了深刻印象。不过，这也是 21 世纪初之前的事了。

在日本，养老院的老人遭受虐待的事件开始越来越多地见诸报端。自 20 世纪 90 年代起，此类事件在享誉世界的福利国家中迅速增长。

信赖所谓一生安泰的完美福利制度，忍受高负担率，咬牙坚持到最后，却找不到人聊天，也见不到亲近的人，只能在舒适却冰冷的环境里孤独死去。面对如此现实，老人们感受到了绝望。他们几乎未曾讲述过这种绝望，但绝望总会在某个特殊的时刻溢出来。

[①] ビヤネール多美子『スウェーデンにみる「超高齢社会」の行方　義母の看取りからみえてきた福祉』「7章『だれも聞いてくれない』—高齢者オンブズマンの報告」ミネルヴァ書房　2011。

　　感到绝望的并非只有老人。严重的酒精依赖、居高不下的自
杀率以及奇高无比的犯罪率是这个福利国家的特色。酒精依赖、
自杀、犯罪，都从侧面印证了瑞典社会遭受着依恋障碍的侵蚀。
自杀与性、饮酒并列，成为瑞典人拿来自嘲本国国民的"七 S"
之一 [1]。

　　话虽如此，在自杀率方面，瑞典远低于日本，国民的生活满
意度（OECD）则比日本高得多。在 2019 年世界幸福指数排行榜
中，瑞典排名第 7，而日本的名次逐年连续下降，已经跌到了第
58 位。

　　不过，这个幸福指数排行榜能在多大程度上如实反映现实情
形，多少有些存疑。在排行榜上位列榜首的芬兰，自杀率与日本
并驾齐驱，位于全世界最高水平。这个排行榜采用的评价标准不
只是人们感觉自己有多幸福这种主观尺度，还包括国民生产总
值、社会福利等客观性指标，因此有可能模糊真相。即便如此，
自杀率和幸福指数数据都不好看的日本社会，依然是个不幸的

---

[1]　武田龍夫『福祉国家の闘い　スウェーデンからの教訓』p.132　中公新書
2001。

社会。

　　然而日本还是有一项数据比瑞典好很多，那就是犯罪率。作为世界闻名的福利国家，瑞典一直饱受高犯罪率问题的困扰，说它是"犯罪王国"亦不为过。以人均犯案数量来看，瑞典的抢劫案是日本的 4 倍，强奸案是日本的 6 倍多，谋杀、暴力犯罪事件也层出不穷。

　　瑞典人的酗酒问题也非常严重。喜好高度数的烈酒大概算是瑞典人陷入酒精依赖的重要原因，但可以肯定的是，不安全的依恋环境也是酗酒现象的幕后推手。

　　在这个福利国家的表象之下，还有相反的一面——缺少幸福的迹象。

　　瑞典家庭的溃散进程远超日本，2001 年，瑞典非婚生子的比例达到 56%，与日本的 2% 相比实在是高得离谱。在瑞典，有孩子的家庭中单亲家庭的占比为 23.8%[1]，日本是 7.5%[2]，瑞典差不多

①　SCB Statistisk årsbok 2004.
②　厚生労働省「ひとり親家庭等の現状について　2012 年」2015。

是日本的 3 倍。可以说，在瑞典进行的这种现代福利国家的实验，反倒加速推动了社会的解体与依恋的崩溃，目前实验正在逐步进入最终阶段。

展望回避型社会

我们会迎来共情型人类的数量渐渐减少，最终灭亡的那天吗？或者还有另一种情况——共情型的优势与弱势再度达到平衡，暂时维持稳定。

正如农民与工商从业者的比例虽然发生了逆转，但农民依然存活下来，保留了一定人数一样，共情型人类虽然减少，但依然有可能继续维持一定的比例。

尼安德特人与智人的人口比例就曾经发生逆转，本为少数派的智人在数千年间人口扩增到 10 倍以上，最终夺取了尼安德特人的生存空间。与之类似，经过一定时间后，共情型人类或许也会走上被淘汰的道路，但基于某个缘由，共情型人类也有可能与回避型人类建立共生关系，两者暂时共存于世。这个缘由就是，共情型人类在育儿方面具备一定价值。

社会或许将经历一段共情型与回避型共存、逐渐交接主导权的过程。可以说，这一过程业已开启，正从三个方面向前发展。

　　本章是最终章，论述当这一过程继续发展，回避型人类与共情型人类的比例逆转，前者占比大幅超出后者时，回避型人类会创造出怎样的社会，又将出现怎样的病理现象，以及届时回避型人类与残余的共情型人类之间会产生怎样的关系。

　　社会的形态无疑将大不相同。或许，它会出乎意料地同某种我们已经见识过的身边风景很接近。

婚姻成为过去式

回避型人类占据优势后，婚姻将会成为完全被废止的制度之一。

大部分回避型人类都是不婚主义者，一辈子独自生活。不过社会推崇生育，即便独居，许多民众也有不止一个孩子，只是与孩子共同生活、亲自抚养孩子的人少之又少。很多人别说养孩子了，就连怀孕生产的负担也要转嫁给社会。社会的重要职能之一就是替民众实施怀孕、生产、育儿等活动，繁衍人类后代。相当一部分税收被分配到这个领域。儿童中心成为承担这些重要功能的机构。

对人类来说，怀孕、生产、育儿的约束就像戴在动物颈上的项圈。从这些约束中解放出来后，回避型人类才能实现崭新的生活方式。

然而，偶尔也会发生意外事故。回避型人类虽然不必亲历怀孕、生产、育儿阶段，但有时会因与共情型人类发生性关系而意外怀孕。当然，很多时候他们都会选择堕胎，但其中也有些人希望把孩子生下来。

以回避型人类持有的普遍价值标准来看，怀孕生子是一件可怕又危险的事，简直令人毛骨悚然。这不是因为生下的孩子没有父亲，大多数回避型人类本来就是只有父亲或母亲的单亲孩子。回避型人类之所以会为怀孕一事大感愕然，是因为在他们看来，怀孕、产子是动物的行为，是只有旧人类才有的野蛮习俗。

就像过去的欧美人看待自然保护区的原住民、澳大利亚土著、巴布亚新几内亚高地人一样，在回避型人类眼里，平静地怀孕、克服腹痛冒死产子的共情型人类不过就是未开化部族的残余血脉而已。

婚姻制度成立的原因不一而足，只言片语说不清楚，不过从生物学的角度看，父母维持某种程度上的稳定合作关系，是有利于孩子的成长发育的。对幼年期较长的人类而言，维持夫妻关系可以保障孩子拥有稳定的成长环境。因此，依恋这一生物学机制不仅负责维系亲子关系，还进化成为维系夫妻感情的机制。

然而，当育儿职责不再由夫妻，甚至不再由孩子的父母承担时，依恋机制就会急速退化，退化不仅发生在亲子之间，更以尤为激烈的态势发生在夫妻之间。

很多人听说过去的时候，一对男女结为夫妻后会生活在同一个家里，每天睡在同一张床上，都会感到惊讶、嫌恶，觉得"难以置信"。听闻婚姻将男女一生绑缚在一起、"婚姻是人生的坟墓"这种自嘲性的故事时，他们会发出一声悲叹。

有洁癖的回避型人类，就连对性行为都会产生生理上的不适感。他们普遍对如今还保留着这一野蛮行径的旧人类怀着惊悚与嫌恶之感，就像我们看待还保留着食人习性的未开化部落一样。

身为新人类，只有回避型人类才能在不发生野蛮的性行为的情况下维持种族存续，也只有回避型人类才能从兽性中解放出来，做永远的孩子、永远的年轻人，享受自由的生活。对回避型人类来说，这是再自然不过的事了。

如何解决育儿难题

如上文所述，回避型人类讨厌小孩。因为孩子一哭就会打断他们的吃喝玩乐。照顾孩子是件麻烦事，没有任何乐趣可言。从投资的角度看，养孩子也是最不划算的投资。在回避型人类的亲子关系里，无论在养孩子上花了多少心血，孩子一旦长大，就成了与自己无关的陌生人，对自己的未来没有任何好处，父母生病住院也好，独自住进养老院也好，孩子都不会前来探望。把玩乐的时间花在探望老人这种事情上的人会遭人嘲笑，成为他人眼里的怪人。

父母一方本身也没有期待过孩子的探望。他们可以自己打麻将，在网上玩虚拟性爱，这样既释放了多巴胺，享受了刺激与兴奋感，又不会肩酸背痛。

育儿和真实性爱应该都是回避型人类厌恶的事物，但他们的这种厌恶会给种族存续带来障碍。为了解决这一难题，回避型人类发展出了几种方法和制度。

保育员与乳母

一开始出现的是被称作托儿所的机构。通常情况下，托儿所会在白天暂时接管儿童，由被称作保育员的专业职员照顾孩子。与母亲不同，保育员通常有好几位，同时照顾多个孩子。每个人都大体分配好了照顾对象，但没有人会只固定照顾一个孩子。

有的托儿所还会接管婴幼儿，不过保育员不会像母亲一样用自己的乳房喂养孩子。保育员很多都是没有生过孩子的未婚女性，其中还有男性以及跨性别者。在共情型人类占多数、很多人乐于照顾孩子的时代，这项制度得以顺利运转。

然而，90%以上的母亲开始从孩子出生没多久就将其寄养到托儿所，保育员不足的问题越发严峻，再加上在这样的环境下成长起来的孩子，长大成人后会显示出强烈的回避型倾向，有兴趣照顾孩子的人口总数便减少了。提高工作待遇也无法令回避型的年轻人对照顾孩子产生半点意向和兴趣，而且他们还会像对待物品一样对待孩子，虐童、谋杀事件频发，人们对寄养的不安情绪向外扩散。

回避型人类面临着两难的境地。他们不想自己照顾孩子，但交给别人照顾又有风险。确保共情型保育员的人数足够，让回避型可以放心地寄养孩子、把孩子交给别人照顾，成为当务之急。

在这样的背景下，另一项制度迅速发展起来，那就是把照顾孩子的事交给还保持着依恋情感的发展中国家女性。这样一来，育儿成本大幅降低，服务质量又得到了保障。有些保育员还可以兼做乳母，给孩子喂自己的奶，成为保育员群体里最受欢迎的成员。回避型的女性几乎不会自己给孩子喂奶，因此也渐渐地不怎么分泌母乳了。她们的乳房很小，与男性相差无几，即便有大的，里面充盈的也不是乳汁，而是硅胶。

对那些虽然想让孩子喝母乳，但并不想为此毁掉胸型的母亲来说，乳母的出现是巨大的福音。

从发展中国家引进共情型旧人类，请他们承担回避型人类不擅长的育儿、哄孩子的业务，是一种可能的解决途径。不过，孩子长到语言学习能力活跃的 1 岁半以后，对共情型人类保育员的需求就会降低。

在孩子 1 岁半之前的依恋形成期里，人们可以雇用共情型人类照看孩子，过了这个阶段，就只能把孩子交给回避型的保育员和老师了。

　　这个方法看起来很合理，实际上却包藏着巨大的隐患。从孩子的角度看，依恋形成的过程就是把来自东南亚的共情型女性当成自己的母亲，与对方产生情感联结的过程。情感联结才刚刚建立起来，孩子眼中的"母亲"就被解雇了，回避型的女性保育员与老师则参与到孩子的人生中，这使孩子遭受了双重断裂的打击。人员轮换会伤害孩子的依恋。原本与孩子心灵相通、照看着孩子的温柔母亲突然消失，而后又出现了对孩子态度冷淡、把与孩子有关的事彻底当成工作加以处理的回避型人类。在孩子看来，自己好像遭遇了和白雪公主相似的境况——一个冷酷无情的魔女成了自己的继母。

　　就像太宰治依恋自己的乳母一样，有过这种经历的孩子大概也会孜孜不倦地寻求自己的东南亚母亲，她们只在朦朦胧胧的记忆深处闪现，拥有温和的笑意与丰盈的乳房，吸引着孩子们的心神。反之，在孩子开蒙记事后，对面无表情地照顾自己的女性，他们感受到的大概只有恐惧与嫌恶。等最终摆脱依恋的束缚后，他们大概也不会再爱任何人了。

最理想的办法是，让既有语言能力又有共情能力的人担负照顾孩子的职责。然而，要想让某项语言能力达到母语级别，就必须成长在使用这种语言的社会里。哪怕是共情型人类的孩子，如果自小生长在回避型占据优势的社会里，最终也会呈现出明显的回避型倾向。反之，如果只有具备共情型特征的人从事育儿工作，孩子会像依恋父母一样依恋保育员，远远超过回避型的亲生父母。孩子总归要从幼儿园毕业，与养父母分离，转而与不太亲近的亲生父母生活。在这样的境遇里，他们不得不背负起依恋障碍。无论他们对待父母的态度是过度在意还是叛逆，在产生自我缺失感的同时，大概都会积累起对父母的怒意和敌意。

从寄养家庭回归原生家庭的人，会在原生家庭里体会到疏离和无处容身的滋味，产生自我缺失感和叛逆心理。在这里也是同样的道理。

事实上，在这样的社会里，虐待和家庭暴力事件并不鲜见。

社会尚未找到稳定的平衡点。

试管婴儿与克隆生子

经历过这段试错期后，政府认识到了父母照顾孩子的风险，于是育儿基本上便被纳入了政府的管理之下。

承担育儿职责的变成了被称作护理群体、拥有情感能力的共情型人类。他们如今依然过着家庭生活，自行产子，自行抚养孩子。他们以育儿、看护老人为业，从事照顾人的工作，以此获得报酬。

对回避型人类来说，产子就是采集自己的卵子或精子，选择与之适配的精子或卵子，缴纳必要的手续费。有些人还会克隆自己的体细胞，把克隆体当作孩子，这样孩子就完全继承了自己的遗传基因。

无论采用哪种方法，从受精卵的培育到怀孕、生产，整个流程的花费差不多相当于一辆豪车的价格，不过生第一个孩子有政府补助，个人无须承担任何费用。到生第二个孩子的时候，个人自己需要承担 30% 的费用。自第三个孩子开始，政府不再给予个人补助。如果孩子夭折，则不计入补助名额。

养孩子也同样需要个人承担费用，因此，普通民众一般只生一个孩子，最多生两个。不过，这里所说的一两个孩子，不是指夫妻双方共同拥有一两个孩子，而是就单个成人而言的。在回避型人类的社会里，生孩子这件事也会以单人为计量单位，而不是男女双方。当然，不生孩子的人也为数不少。

社会确保了每个人都能在自己希望的时刻成为父母，不必考虑婚姻、恋爱等情况。精子和卵子可以任意挑选，从志愿者的无偿捐赠物到带有血统证明的昂贵商品应有尽有。占主流的是利用克隆或再生医疗技术培育出来的受精卵，因为这样可以检查并修复其中的缺陷，安全性极高。也有人不喜欢人为干预，坚持选择未经检查的精子或卵子，但这终究只是罕见的例外情况。

一般来说，任何人都会带有几个危险的劣性遗传基因，医疗机构会选配合适的精子和卵子，防止劣性基因叠加到一起。有些人出于宗教信仰，排斥这样的人为干预，但如果没有人为干预，就无法回避出现悲剧的可能性。

通过受精培育新生命需要精子和卵子两种配子，仅凭来自自身的配子无法孕育胚胎，必须获取其他异性的配子。由此相伴而来的不只是复杂的流程，还有因为不属于自身的遗传信息混杂其中而导致的种种超出预期的问题。孩子虽说继承了自己的一半遗传基因，但还有另一半源自他人。遗传基因混杂相交在一起，有时会诞生出完全不似父母的个体。

为了避免出现这样的风险，越来越多的人开始想到，反正都要繁衍后代，不如就生个与自己一模一样的孩子吧。近年来，越来越多的人放弃了性交受精方式，选择以体细胞克隆技术培育自己的克隆体孩子。

哪怕生殖功能有问题，体细胞克隆方式也不会受到任何影响，人们照样可以得到自己的孩子。并且，以这样的方式出生的孩子，正如其字面所言，就是一个人自己的分身。人们可以再现自己始于幼年期的成长经历，邂逅童年的自己。

当然，也有人以"双胞胎亲子""同卵双生亲子"的说法讽刺、反对这样的繁衍方式，不过这就属于老一代人的思想残余了，新人类乐于建立同卵双生式的亲子关系。

克隆孩子还能让回避型人类轻松跨越性的障碍。在这个时代，不通过性交方式繁衍子孙后代的现象已经屡见不鲜，性本身没有太大意义了。不过这并不意味着所有人都对性失去了兴趣。

性就和人的头发、肤色、瞳孔颜色之类的表征一样，是属于每个人自己的个性。有人喜欢男性，有人喜欢女性，而与他们自己的性别无关；也有人男女不拒，有人既不喜欢男性也不喜欢女性。人们在性的选择上是自由的。

克隆技术引发的另一项重大突破就是，人们可以选择在任何年龄拥有自己的孩子。在用体细胞培育孩子的情况下，父母无论是 100 岁、150 岁，甚至极端一点说，就算当事人已经死亡，只要细胞保存下来了，克隆技术依然能令其发育成长。越来越多曾经拒绝生育孩子的人，预感到死期将近时，才决定在世上留下自己的分身。

诱导体细胞进行减数分裂制造配子的技术也发展起来。有了这项技术，无论活到多少岁，人都可以生下传统意义上通过受精方式得来的孩子。不过，很多人并不把混入了自身以外遗传因素的"奇美拉"[①]看作自己的分身，他们对特意留下这样不纯粹的血脉心存疑虑，不知道这么做究竟有何意义。

---

① 奇美拉：古希腊神话中的怪物，拥有狮头、羊身和蛇尾。——译注

过去，男女双方邂逅，碰撞出爱的火花，就会产生为彼此生下孩子的欲望。如今，让这种已成传说的爱情神话得以成立的，是将自己与所爱之人结合在一起，永远留存双方结晶的愿望。然而"爱人"的概念现如今已经十分稀薄，将自己与他人结合在一起的观念，在人们看来就是一个离奇、惊悚的想象。

不过，还是有人希望能与自己崇拜的偶像、明星相结合。一味偏向偶像、明星的取向会让人类的遗传基因资源池变得贫瘠、失衡。因此，市面上流通的特定人物的精子、卵子，最多只允许复制 100 份。

在画廊购买丝网印刷或平版印刷的版画作品时，我们都会在版画上看到类似"101/250"这种格式的标记，意思是说，这张版画总共印刷了 250 份，眼前这张是其中的第 101 份。同理，利用同一个人的精子或卵子培育出来的孩子最多只能有 100 个。同一个人的克隆体原则上也只能有一个。（不过，如果克隆体因事故或患病死亡，就可以再做一个克隆体。）这项原则旨在防止同一个人的克隆体被大量制造出来，充斥全世界。

只是，管理总是有边界的，任何规则都有漏洞可钻，这是世间常情。管理不善的地区也会传出到处都能看到长相一模一样的人的流言。特定人物的精子、卵子还会以高昂的价格被人们暗中交易。只要付得起钱，就能得到偶像的孩子。

不过，无论是以一些手段通过配子得到受精卵，还是克隆自己的体细胞，诞生的胚胎都必须移植进代孕女性的子宫或是人造子宫中加以培育。在这一步骤上也有众多选择，可以根据各自的情况、喜好选择培育方式。

价格最贵的是找人代孕，便宜点的选项则是使用人造子宫。从性能和安全性来看，两者间的差距将逐渐缩小，甚至出现逆转。人造子宫性能尚不稳定的时期，使用人造子宫会面临子宫破裂等事故或不育、含氧量低等问题，选择代孕母亲无论是从安全性还是胎内环境来看都更有优势；但人造子宫的性能得到提升以后，找人代孕就会面临更高的流产和早产风险，且无法规避代孕母亲偷偷滥用药物的风险。

因此，身体健康、品行端正、拥有年轻而富于弹性的子宫的优质代孕女性就成了人们争相抢夺的"香饽饽"，再加上代孕母亲不足等现实因素影响，她们可以拿到丰厚的报酬。从事代孕行业对有着"牵绊关系"的旧人类来说，是获益最高的经济活动。

然而，优质的代孕母亲人数有限，仅凭代孕母亲很难完全满足人们希望不经生产之痛就拥有孩子的愿望。代孕母亲的不足与代孕费用的高涨推动了人造子宫的开发进程，有关人造子宫与人造胎盘的研究飞速发展。具备极高安全性与优良养胎环境的人造子宫终于达到了量产条件。

人们选择人造子宫还有另一个原因：用人造子宫培育出的孩子，身体和大脑往往更大，能力也更优秀。

人造子宫孕育的孩子经由剖宫产方式取出。在传统的妊娠方式下，胎儿分娩时一定会经过骨盆，身体和头部发育过大会加大女性的生产风险。如果情况恶化，胎儿还很可能陷入缺氧或假死状态，落下残疾。

人造子宫则不会受到这些限制和风险的干扰。人造子宫孕育出来的孩子，出生时体重高达 7 千克的不在少数，平均头围也比一般婴儿大 20% ~ 50%。他们的平均脑容量是同龄人的 1.5 倍，智商超过 200 的孩子比比皆是。人造子宫省略了分娩时承受阵痛压力、穿越狭窄产道的过程，这样不仅避免了相伴而生的众多问题和风险，也消除了胎儿脑袋过大对分娩造成的不利。

这些变化使得人们对代孕母亲的需求减少，代孕费也大幅降低，对靠代孕产业赚取收入的护理群体造成了经济打击，一时间升级为社会问题。同时，在共情型女性中，讨厌怀孕、不想当母亲的人也不断增多，愿意为并不高昂的报酬承担孕产风险的人不断减少。

共情型女性也出现了后叶催产素分泌低下的现象，子宫不发达与不孕不育等问题开始泛滥，与此同时，性交疼痛与性厌恶症状成为人们的切身问题，回避型症状在共情型群体里蔓延扩散。曾经过着狩猎采集生活的部族也被现代化的生活方式吞没，就像东非的马赛人用太阳能发电、上网冲浪、对游戏的热爱超过了狩猎一样，共情型人类也在被渐渐拉入回避型人类的生活方式之中。

机器人妈妈后来居上

婴儿出生后，会被移交给儿童中心，由既当乳母又当养母的专业保育员负责照料其度过婴幼儿时期。保育员成为报酬丰厚、仅次于代孕母亲的专业岗位，提供抱抱、母乳喂养、看护孩子的服务。在一段时期内，共情型人类承担着这一职责，但随着他们不再像过去那般擅长育儿，虐婴事件逐渐增多，人们对以往担当辅助功能的机器人妈妈寄予了更多期待。

机器人妈妈有看上去近似实物的乳房、发达的及时反馈性能与共情功能，足以取代人类乳母。渐渐地，把喂奶和所有事情全部交给机器人妈妈的做法已成普遍现象，因为共情型人类的残余势力逐年减少，乳母难寻，而且孩子依恋乳母的问题会妨碍孩子适应社会。机器人妈妈不仅能恰如其分地行使看护职能，还不会过度关心、溺爱孩子，能将孩子培养为独立自主的回避型人类，因此广受好评。

有很多研究把人类乳母抚养长大的孩子和机器人妈妈抚养长大的孩子放在一起进行比较，从结果来看，所有研究一致显示，被机器人妈妈抚养长大的孩子对人没有需求，不依恋他人，也不会感受到孤独和痛苦，能够很好地适应回避型社会。受到这些数据的影响，仍旧雇用乳母、养母的只会是无力购买机器人妈妈的穷人阶层。即便如此，还是会有一部分人选择让人类养母抚养自己的孩子。

就这样，回避型人类得以在不依靠其并不擅长的性和亲密关系的情况下成功繁衍后代，实现了维系种族的目的。

亲子关系不过是血统的表露，很少会有人重视子孙绵延的问题。不过，如果只让特定的人多生，其他人都不生，人类的遗传基因资源池就会缺乏多样性，这是值得警惕的问题。大家都要生孩子是明理之人的职责所在，得到了社会的推崇。

淡薄的亲子关系

当然，回避型人类的亲子关系十分淡薄。孩子会对给予自己遗传基因的父母抱有一定敬意，却不会产生特殊的依恋。对孩子来说，父母只是偶尔见个面、给自己发点零花钱的人，用 20 世纪的话说，父母大概就像一年见上一两次、一起吃个饭、给自己发个红包的远房亲戚。

离别和再会没有太大差别，都不会激起他们特别的情绪波动。

见面的时候，孩子也会回答父母的问题，但不会表露自己的本意，通常只是以礼相待，不向父母撒娇，也不亲近父母。父母对孩子的态度同样如此。

如果孩子真想撒娇，反倒会把乳母、机器人妈妈当成自己的撒娇对象。

过去的小孩会依恋自己的玩偶，他们和玩偶一起睡觉，走到哪里就把玩偶带到哪里，形影不离。同样，现在我们经常可以看到孩子一步不离地跟着机器人妈妈，一定要摸着机器人妈妈才能入睡。

机器人妈妈具备高度发达的回应功能，但为了让它对孩子的需求回应比人类母亲更加克制，人们有意钝化了其回应性。比如，孩子哭起来的时候，机器人妈妈本可以在一秒之内就把孩子抱起来哄，但人们刻意拉长了它的反应时长，这是为了防止过度的关心使孩子对机器人妈妈产生过度的依恋。人们还进一步设计程序，让机器人妈妈的回应性随着孩子的成长逐渐退化。就像孩子长大后便不再需要玩偶一样，到了某个时期，孩子必须脱离机器人妈妈生活，只有这样才能学会独立。

回避型人类就像是被能说会动的玩偶抚养长大的孩子。随着他们的成长，担负母亲职责的机器人也会像老旧了的玩偶一样，逐渐退出他们的人生。

机器人妈妈尚且如此，更别说偶尔才会见上一面的父母了。孩子和父母的关系极度淡薄，不少人成年以后几乎就没怎么见过父母了。哪怕父母生病住院，死期将近，他们去探望一次也就够了。孩子基本上都对父母漠不关心，也不会被父母的死扰乱心神。

愿意寻根的人也有，只是越往深处追寻，就会越发明确一个真相：父母、祖父母把孩子交给了机器人或其他什么人，自己什么也不做，随心所欲地过着自己的生活。因此，绝大多数人的探寻都会在深深的失望中终结。

如果继续探寻下去，他们也许会惊讶地发现，过去时代的父母是可以为了孩子牺牲自己的。为人父母者冒着生命的危险诞下子嗣，损害自己的身体给孩子喂养母乳，为了照顾孩子夜不能寐。了解了这些，他们会感慨万千，无话可说。有人会对这样的行为嗤之以鼻，认为它是愚昧野蛮的习俗，但也有人会被它触动心弦。

学校的衰落

回避型人类社会里急速发展的趋势之一就是学校这一制度的变动和衰落。将许多孩子聚集在一起，由一名教师传授同样的学习内容，这样的教育形式既不符合回避型人类的特性，也不符合他们所创造的社会的需求。

回避型人类的祖先时常被喜欢拉帮结派的共情型人类排斥在集体之外，饱受欺凌和折磨。对他们来说，学校往往是充斥着不快与痛苦的场合，有人因此无法继续上学，然而这种反应又会被视作对集体的背离，遭人误解，认为这是他们逊于一般人的表现。

这种现象最初被称作"厌学"，后来又被叫作"辍学"，外界还时常向这些孩子施加压力，试图把他们送回校园。后来，随着辍学的孩子不断增加，在家自学的方法不断发展，比起在学校接受人类教师的教导，孩子自己在家跟着人工智能学习，钻研适合自己的领域，反而收获了更好的结果。随着这样的事例越来越多，不去学校上学，选择在家中或其他地方自行钻研的人也不断增加。最初的学校作为成效显著的选项之一，获得了人类的认可，但从回避型人类占比过半的那一刻开始，形势就像雪崩一样急转直下。学校萧条了。

不断有学校遭到废弃、关停，也有人为此惋惜，但大多数人还是认为这是顺理成章的。这个时候，人们认为，学校这种制度本身就像封建制和奴隶制一样，是强者控制弱者、助长虐待行为、存在诸多问题的历史糟粕。

归根结底，最初的学校是破除封建主义的思想教育、富国强兵政策和国家的工业化、现代化结合在一起才应运而生的制度。它和军队一起，曾被视为支撑国之根本的基石。

也正因如此，学校制度和军队制度存在很多相通之处。学生必须绝对服从教师的指示，教师可以像军队里的长官一样，对自己所管辖的学生施以体罚。学生往往要背负连带责任。教师还引入了长官管束下属行为的做法：为了让学生服从自己，教师会借听话的学生之手，对不听话的学生施压，让听话的学生孤立不听话的学生，以此间接地掌控他们。

这样的风气甚至在进入 21 世纪后都没有完全消失。不擅长与身边人协作的回避型人类的祖先毫无疑问会遭到疏远、排挤，但不可否认的是，在不为人知的暗处操纵这一切的人，往往就是教师。

随着学校的民主化发展，学生的权利也开始得到保护，但这一军队性质的制度在本质上并未发生改变。军队的性质深深地根植在学校制度中，只要学校制度不废弃，人们就无法从军事化的校园管理中脱身。

即便如此，以回避型人类出现之前的旧人类为中心的部分学校保存主义者，依然坚持实行学校制度，要求孩子去学校学习；而逐渐掌握了社会权柄的回避型人类听到"学校"这个字眼，在感叹时代过错的同时，只会产生强烈的心理排斥。

普通的回避型孩子通常都在家里或其他地点接受人工智能的教导。人工智能管理着孩子的课程时间和知识掌握度。游戏时间和网络社交时间一般也都交给了人工智能来管理。曾经，围绕孩子的游戏时间、玩手机时间，父母每天都要与孩子争吵，甚至在孩子面前爆粗，亲子间反复上演着藏游戏机、手机，找游戏机、手机的戏码；而在人工智能的管理下，这种情况不复存在了。

　　人工智能会监控所有信息设备的使用情况，交互控制，确认孩子是否出现了成瘾的征兆。不过，在任何时代，孩子总是钻漏洞的天才。很多孩子会偷偷把暗地里售卖的拆除了监控装置的游戏机或其他信息设备藏在衣橱里，尽情享受游戏和影音的乐趣。

实现绝对公平的手段

在回避型人类的社会里，没有谁会对着另一个人吐露自己的真实心声。面对面时，礼节与形式就是人际关系的全部内容。不说多余的话，就不会伤害对方，也不会为自己惹来麻烦，这是最安全的人际交往策略，也是回避型人类奉行的本性。

在旧人类中，赚取人气的毒舌艺人和口无遮拦、言辞咄咄逼人的政治家等族群，都是回避型人类最厌恶的。

回避型人类怀疑和厌恶任何抹黑、批判、攻击他人的人，他们觉得，那些坏话和攻击虽然是朝着别人去的，但不知什么时候可能就会降临到自己头上。事实上，人类历史上一直反复上演着抨击他人的煽动者引发民众暴动的一幕。煽动者们打着正义的旗号，行的尽是穷凶极恶之事。

回避型人类站在高处，眼见这些愚昧的旧人类血腥厮杀的历史，把一幕幕镌刻在心间。因此，只要听闻恶语和攻击性的言论，他们就会感到畏惧，嗅到危险的气息。

在回避型人类看来，最该受到蔑视的就是那些出口诋毁他人、具备攻击性、毫不掩饰情感的人。声音大、强势要求他人按照自己心意行动的人，也得不到回避型人类的喜爱。

对回避型人类而言，公平与平等是尤为重视的价值观。实现完全公平的社会，才能防止好处全被嗓门大、八面玲珑的人独享，保护沉默寡言、不喜争斗、不擅为自己发声、不懂寻求门路的回避型人类免遭不利对待。

基于公平与平等的理念建造的社会，是回避型人类的友好型社会。

民意不可信任

回避型人类讨厌他人八面玲珑地搭建人脉，组织派阀。他们的祖先命中注定要以少数派的身份存活于世，时常暴露在被孤立、被排斥、遭受欺凌迫害的危险之下。

民主主义把主权交托给人民，基于民意实施统治。然而如今，所谓的人民已经完全消失了踪迹，尚存于世的是一个个独立的个体。过往的历史也一再证明，人民的意志，即民意，是最靠不住、最容易犯错的。迫害、弹劾甚至是大屠杀行为，往往都借着民意的名义得以实施。发起很多战争的也是民意。在民意面前，连组建党羽的手段都拿不出来的孤立个人，简直如同被车轮碾过的蚂蚁。

过去，王权与人民围绕主权争端不断；与之类似，近年出现的主权之争，大概可以算作人民与个人之间的争端。于个人而言，国民、大众等集结而成的人民是最具威胁性的对象。

生来厌恶、畏惧集体的回避型人类，一直煞费苦心地思索着如何消除集体对于个人的暴力与威胁。可以说，自 20 世纪后半叶以来的百年时光，都用在了从法律、社会制度、伦理上确立个人主义，而非民主主义上。

这样的努力之所以能成为现实，是因为回避型人类成了社会的多数派。集体屈居个人之下的趋势已在 20 世纪末获得认可，近半个世纪以来，这一趋势贯彻得更加深入，不断完善并成为社会制度。

在保护个人免受来自人民的暴力这方面，民主主义显然作用有限。民主主义受人民随意的想法摆布，于是，间接民主主义通过代理人的介入，时常将一部分人的意见替换为民意。放在小学或社区委员会等场合，这样的做法不会造成什么大的纰漏；但要拿来运营国家，承载上亿人的命运，这样的制度就显得过于粗放了。

如今，社会虽然表面上采取法治主义的基本方针，但实际上，就连法庭都没有独立于民意之外，这一点是不言而喻的。现实情形是，社会必须顾及民意，法律也要向民意倾斜。如果但凡民意，即便不符合理性的判断，社会也要肯定、容许它的存在，那么这样的政治就是暴政。民意蕴含风险，这一点不可否认。

人工智能接掌统治权

早些时候已有人提议，为了消除情感与意志的操纵空间，实现彻底的公平，人类应该把决策权交给超越人类智慧的对象。到了 21 世纪 20 年代，特朗普政权解体以后，追求政治与社会安定的声音高涨，人们才开始为实现这一目标付诸行动。

除了政治，在经济、行政、司法等各个领域，人工智能的判断也会作为参考意见摆在人类面前。参考意见与人类的判断被共同记录下来，对外公布。其后，一次次的检验证实，人工智能的判断在公平与公正方面具备压倒性的优势，并且有助于问题的解决。

如今，政治家与法官的工作，就是认可人工智能得出的结论，在结论上签字盖章。当然，人工智能偶尔也会做出不可靠的判断，这是因为人类未能输入重要的核心信息。后来的人工智能可以从海量数据中自行抓取必要的信息，不再需要人力辅助，这种初级错误就不会再发生了。

为了保护个人免受人民的暴力与威胁，社会需要建立公正的规则，并保障所有人完全遵守。如果民意掺杂其中，略施小计就能扭曲原本的规则，对回避型人类造成不利。因为说到底，民意就是声音更响亮的部分利益集团制造出来的产物，回避型人类的祖先不擅结党，他们提出的自我主张通常都会被埋没在民意之下。

然而，人工智能的统治改变了这一局面。其中最大的原因在于，人工智能的统治使得法律得到百分之百的遵守，并实现了法律程序的快捷化。

契约、法律对人类行为的约束始终是有限的，法律赶不上现实的变化。另一方面，让人履行契约，最终需要走法律程序，但这样一来就会耗费太多时间。

让法律依现实的变化即时制定，并在瞬间具备适用性，是维持完美秩序的必要条件。否则，等到法案通过的时候，新的空子也出现了；就算被裁决胜诉，要求对方履行合同条款，对方也早已身无分文。如果让更新缓慢的法律追逐风云变幻的现实，正义就只会成为《六法全书》里的虚影。

然而，人工智能改变了这一切。它与人类钻空子的速度保持同步，能够持续修正、瞬间执行完全公正和平等的法律，几秒钟便可做出一场裁决。人工智能法官与人工智能检察官、人工智能律师进行交互，以记录在案的所有数据作为证据，推导出完善而合理的结论。如果把一切交给人工智能，可能还不到半天，它就能完成多次公审准备与证据调查工作，实行多次公审与最终辩论，最后做出判决。人工智能或许还能写完多达数千份的漂亮的判决文书，虽然应该没有谁（这里是说真正的人类）真的会去看。人工智能还能够在当天完成资产冻结工作，强制执行合同条款。

不会再有人产生违逆法律的心思。因为人工智能通晓一切，反抗徒劳无益。精于欺诈之道的人也会变为佛陀，因为海量的数据轻轻松松就能曝光一切谎言。社会智能孕育了人类的智慧，也被认为是人类智慧的本质特征。它为了容纳谎言而进化成了如今的模样，但有了人工智能，它就成了落后的时代产物。因为，从人工智能的角度看，人类的撒谎能力就和偷吃东西后嘴边脏了一圈的孩子没什么两样。

能与人工智能谈判较量的，只有人工智能。心思和情感会成为被轻易看透的弱点。无论处理什么事情，不带想法和感情都是与人工智能谈判的必要条件。

想要让公正的规则平等施加在所有人头上，就不能由怀有个人想法和感情的人类来裁决人类，这是不合理的。唯有人工智能才能保证公平。在回避型人类的社会里，司法、政治、行政方面的信息处理和判断事务全部交由人工智能执行，大概会成为一种社会常识。

　　回避型人类正试图终结永无止境的循环。把事务的处理权交给绝不会遗忘过去的错误与教训的人工智能系统，而不是受感情操控、总是不停重复同样错误的民意，才能最大限度地保障公平与公正。

　　留给人类的重要职责就是管理这个人工智能系统。如有对人工智能的决策不服者，审核申诉大概也会成为人类的重要工作。审核结果将会体现在人工智能系统算法的更新中。不过，为了防止算法由于私人意见遭到改动，最终还是要让人工智能来审核算法的改动是否合适。

　　国会里可能还是会保留代表民意的国会议员，但所有人都会更加信任人工智能的决定，而不是国会议员的发言或国会的决议。人工智能一开始可能会担当国会决策时的辅助工具，但要不了多久，当它得到人们的信赖后，就会像过去的贵族院或枢密院一样，超越众议院的地位，君临天下。

　　当人工智能将立法、司法、行政三权尽数收入囊中后，社会就实现了完全的公平与平等。人工智能会采用什么样的算法呢？保护个人权利与保证国民利益最大化这两个目的发生碰撞是一种很常见的情况，此时如果人工智能的算法是将保护个人的权利放在最优地位，在此基础上尽可能找出国民利益最大化的最优解，就会得到人们的强烈支持与信赖。

不过，人们也会持续验证人工智能推导出的最优解是不是真正的最优解，如果不是，就要对人工智能进行反馈，修改其算法。但总有一天，算法会超过人类。到了那个时候，它将能迅速想出几万个聪明人聚在一起都想不出的办法。

容许多大程度的竞争和不平等才能使全人类的幸福最大化？多大程度的变化和压力才能让人们保持健康与活力？人类大概会一直讨论和调整这些参数。在某个时代最适宜的参数设置，可能会在后来被证实并非最优选，最合适的参数组合或许会随着时代的变化而变化。

然而无论如何，可以肯定的是，比起人类，让人工智能去做调整才是一种更为合理、公平、诚实的方式。

人工智能不会因为徇私、疏忽、倦怠而失去判断的热情，对工作产生腻烦心理。它虽然并不具备热情，但总会忠实地完成自己的使命。这种始终如一的工作态度才能让所有人放心。人工智能会创造一个令人生活舒适的世界，尤其是对回避型人类而言。

　　总是以千篇一律的方式应答也没有关系，根据对象的不同改变态度和应对方式才是问题。

全新的死亡价值观

尽管几经波折，在回避型人类成为多数派的形势下，一个对回避型人类而言舒适、安全、公平且公正的社会已经大体实现。

并且，这个社会的成形很大程度上是因为战胜了人类的依恋机制。依恋是偏袒自己亲近之人的一种感情，妨碍了公平公正社会的实现。

回避型人类创造的无依恋社会是由一个个独立的个体组成的社会，它摒弃了依恋情感，因此能够追求完全的公平与公正。

在人类挣开了依恋桎梏的时代，人们不会被育儿夺去时间，可以把大部分时间都放在自己的工作、兴趣和好玩的事情上，不会为性和情感烦心，不会受他人的情绪摆布，不会为满足不了情感需求而抓心挠肝，也不会为无法实现的欲望或注定的别离心碎。人类得以从爱别离之苦中解放出来，投入无限延续的游戏之中。

然而，并不是所有的问题都得到了解决。

停药＝自杀

自杀就是困扰回避型人类的问题之一，它时常发生在突如其来的一时冲动之下。

平素十分稳重、理性的人，一旦被死亡的冲动俘获，就会迅速奔向自我毁灭的绝路。这种冲动会在不经意间强势来袭，因此常常令人防不胜防。

举例来说，在游戏里落败或打赌输了等微不足道的小事有时也会成为自杀的诱因。反之，大获全胜之后，自杀的冲动也有可能席卷而来。这时，有的人会突然跑到高楼上跳楼自杀，有的人会将利刃刺入自己的身体。自杀和医学自杀（即安乐死）占据了回避型人类死因的首位，尽管这样的死亡案例并未被媒体事无巨细地一一报道。很多人都觉得人生太过漫长，实在是厌倦了消磨时间。他们的内心空洞无物，活在濒临死亡的边缘。一旦这条边线因为某一契机变形，人就会径直坠入死亡。

即便身处幸福的顶峰，回避型人类往往也陷在濒临毁灭的分界点上。只要有一点想不开，等待他们的结果就是坠入深渊。正因如此，放任感情、不加控制在他们看来是非常危险的举动。因为这样一来，骤然发难的自杀冲动就会神不知鬼不觉地向他们袭来。唯一的防范方法就是坚持吃药。

在各类药物中，催产素受体激动剂是很多人的必需品。过去人们用的一般都是催产素鼻喷雾剂，但那样会诱发催产素受体抗体的产生，导致情况进一步恶化。吸取了这个教训之后，人们不再直接使用催产素，而是结合其受体，开发出多种刺激催产素活性的药物。这些药物就是催产素受体激动剂，事实证明，它们具有降低自杀风险的良好效果。

不过，催产素受体激动剂有个唯一的缺点，那就是一旦开始使用就很难停药，或者也可以说，停药后非常危险。据说，停药一周内，自杀概率会上涨至70%。

厌倦了漫长生命的人会停用催产素。当这些人嘟囔出"我停用了催产素"这种话时，就意味着他们已经下定决心去死了。如果他们说"我已经停用催产素10天了"，那他们什么时候死亡都不足为奇。

　　事实上，很多孩子从幼时就一直被人投喂催产素受体激动剂。因为如果不这么做，他们就不能好好发育成长。特别是从人造子宫里出来的孩子，一出来就必须服用催产素。

　　正常来说，母体分娩时会伴随阵痛分泌出大量催产素，其中一部分会通过脐带转移到胎儿体内。分娩时子宫的激烈收缩很可能勒死胎儿，而从母体转移到孩子身上的催产素可以有效地保护胎儿，削弱这种可怕的威胁。

　　在自然分娩的婴儿受到拥抱和爱抚等行为的刺激时，会促进其催产素的分泌，与此同时，催产素受体的表现也会更加活跃。然而，从人造子宫中诞生、被机器人妈妈抚养长大的孩子，催产素系统功能低下，如果不加干预，他们就不能很好地发育成长。在这种情况下，不得不使用催产素受体激动剂。

　　催产素受体激动剂拯救了很多婴儿的生命，同时也让很多人不得不对其依赖终生。更严重的是，这个问题在人造子宫最初开始投入使用的数年间一直隐而不发，直到幼儿出现拒食症和离奇死亡（之后查明为自杀）的现象激增，第三方委员会出手探查背后原因，真相才得以大白。一切浮出水面的时候，当年的幼童都已经快要长大成人了。

理想的死亡方式

如上文所述，回避型人类兼具两面，一是注重规则和控制的理性一面，一是理性突然破裂、出现冲动的破坏欲的危险一面。不过，回避型人类向来认为理性的控制才有价值，对待死亡同样如此。冲动性自杀是失去了理性控制的行为，回避型人类尊重基于一定规则建立的秩序，对他们来说，冲动性自杀是背离本意的死亡方式。

那么，回避型人类眼里的理想死亡是什么样的呢？这与何为理想生存的问题密不可分。

回避型人类的生存是无意义的游戏。玩腻了游戏，或者无法再在游戏中忘记自我，对回避型人类来说就是真正的绝望，是人生的终点。许多回避型人类会在这时选择死亡，他们不想忍耐着空虚和无趣继续活下去。

即使上了年纪、感受到衰老，或者生了病、身体不听使唤，只要还能玩游戏，还能感受到多巴胺分泌的快乐，回避型人类就会继续存活下去。但是，当他们无法从这些事中感受到乐趣时，就会丧失生存的意义。

明智的回避型人类在感悟到活着已经失去乐趣，只剩下痛苦的时候，便会选择以安乐死的方式自杀了断，悄悄离开这个世界。他们认为，这是源于理性控制的美妙的死亡方式。

不留遗产

对回避型人类来说，个人资产就像参加游戏必须有的筹码。持有大量筹码不仅能保障自己持续参与游戏，一次押上大量筹码还可以提升游戏带给人的兴奋感。

不过，不受依恋束缚的回避型人类并不会想到要为自己所爱之人留下筹码，因此也不会为了达成这个目的而积累更多筹码。筹码增多让他们感到愉悦，但如果一开始就拥有大量筹码，游戏的趣味性就会减半。没有任何人有权做这种徒劳无益之事，剥夺他人的游戏乐趣。

不同于只想给自己的孩子和家人留下财富的共情型人类，回避型人类不和任何人建立特殊的联系，因此一旦筹码多到用不完的时候，他们往往就不再有兴趣继续增加了。

取胜的玩家一般都会在临终前捐出大部分遗产，支持自己喜爱的领域发展。也有些人会捐赠给各类公共建筑，作为纪念自己的场所。许多公共建筑物就是用获胜玩家的捐款而不是税收建的。这些人没有把遗产留给亲近的人，而是拿来建造了证明自己存在过、奋斗过的纪念碑。

难抑毁灭的冲动

但是，也有些人并不满足于如此平静的落幕方式。

回避型人类面临的另一个严峻问题是，无论进行怎样的干预，随机大规模杀人事件依然层出不穷。

制造事件的始作俑者没有信仰，也没有父母。他们既不懂爱，也没有生存的意义，只能通过游戏和刺激排解无尽的空虚，勉强生存下去。对孕育出无意义的自己的社会，他们怀着骨子里的愤怒。平时，他们沉迷于眼前的游戏，忘记了这种愤怒，然而一旦他们无法继续沉迷游戏，失去了消遣，对创造出无意义的自己的社会所怀的愤怒就会涌上来。这样的情况并不罕见。

这个时候，他们不仅想了结自己，也想了结这个无意义的社会。为此，他们会尽可能地拉更多人一起去死。他们犯下如此暴行的缘由并不仅仅在于怨恨与愤怒，有时反倒是缘于更加积极向上的理由。这个理由就是，他们想当救世主，让人们从毫无意义的生存当中解放出来。自己被击毙只是时间早晚的问题，而在被击毙前，他们希望赌上自己的人生，为世人带来救赎。

可以说，这属于不正常的精神病理引发的行为，但大多数回避型人类并不会就这一问题进行有效的反驳。他们只会缄口不语，将其视作不幸的事故，除此之外不作更多评论。这也是因为，虽然嘴上不说，但他们当中的大部分人，内心都曾涌现过和罪犯同样的想法。

意图破坏人造子宫、炸毁配子冷冻保存处之类的恐怖主义活动也会时常败露于外，大多数恐怖活动都会在尚未真正实施时遭到阻止，但还是难免毁坏各类设施。这些确实是关乎社会存续的重要机构，但其持续孕育无意义的存在之举，还是会引发一些人强烈的憎恶。他们自己就是被如此制造出来的，对不抱爱意、仅用培养液孕育生命的做法怀着无处宣泄的愤怒。

还有一些人对仅仅延长生物学寿命、延长无意义的生存的再生医疗和遗传基因疗法抱着强烈的敌意。他们认为，这些做法并不能提升生命的尊严，而是在贬低生命。更何况这些高度发达的技术只有富人才有资格享用，生命遭受差异化对待的现实会让未能从中获益的群体日益愤怒。

"幽灵"的故事

专家口中的"幽灵化"，即人格的淡化或消失，是一个更加严峻的问题，也有哲学家称之为"存在感的汽化"。

我们必须承认，当自我主宰主义发展得如此彻底、个人得到最大限度尊重的社会成为现实，作为前提条件的个体身上已经出现了异乎寻常的变化。个体的人格就像失去了实体的幽灵一样，开始变得浅淡而模糊。

预示着这一现象的征兆早就已出现——有越来越多的人不知道自己在想什么，感受不到自我的存在；还有一些人以利器自残、用打火机烧灼皮肤，说是只有这样才能感受到自己依然存在。

至少他们还能感受到微弱却真实存在的自我，于是拼尽全力，紧抓不放。

然而，从某一时刻开始，各地频频出现了自我本身蒸发不见的现象。

在我们的故事里，人们第一次意识到"幽灵"存在是由于这样一个案例。

那时，某市专门处理孤独死事件的部门接到报案，说有一名男性目前下落不明。此人最后一次被目击（说是"目击"，但其实并不是人看到的）是在一家无人便利店，店里的监控摄像头拍下了他的身影，那已经是距离此次报案四年半之前的事了。

其实，在接到报案的两年前，孤独死部门的核查清单上已经记录过这个案子。当时通过观察，确认此人还在用水用电，与熟人之间有通信往来，邻居也没有报案说闻到异味。

这一次，负责核查的人工智能再次确认了水电公司的数据和通信记录等信息。水电供应如常，此人与熟人之间的通信也未中断。人工智能还确认了此人购买食品和药品的记录，催产素受体激动剂赫然在列。

但是这一次，已经升级过版本的人工智能并没有错过两年前被忽略的一个细节。那就是，此人的用电量根据季节的不同有所变动，但用水量在过去 4 年间却几乎月月相同。负责核查的人工智能立刻联络此人，确认他是否健在。男人很快就回了消息，说自己一切都好，不必担心。然而人工智能瞬间判断出回信并非出自他本人，而是带有秘书功能的人工智能自动生成的。

负责核查的人工智能立即报警，20 分钟后，警察强行破门而入，发现屋里已经空无一人，只剩下家务机器人还在井井有条地管理着没有主人的房子。桌上放着黑屏的手机和护目镜，应该是房主用过的，旁边是一张字迹潦草的纸条，上面写着："我要消失了，什么都没了，都没了。"

警察经调查发现，男人买来的大量催产素受体激动剂原封未动，曾经被男人拿来当作倾诉对象的人工智能音箱断了电，但终端端口上还插着带有秘书功能的人工智能芯片，从支付各种费用到回短信，浏览感兴趣的网站，在社交网络上发帖、更新状态，定期购物，管理日记和家庭支出账本，它把一切打理得井井有条。

冰箱里整齐地摆放着没人吃的食物，一旦过了最佳食用期，就会被家务机器人当作垃圾丢掉。信息、物品、水电气全都照常运转，因此根本没人注意到最重要的房屋主人已经不知所终。反过来说，即便本人不在了，生活也会如往常一般继续下去。非但这 4 年半，就连近 10 年来都没人见过这个男子本人，即便看不到他的人，也没人觉得奇怪。

消失了的男人安好与否依然成谜，但由于找不到能证明发生过刑事案件的证据，警察只能认定此人就像人间蒸发一样，隐匿了自己的去向。只是，从遗留下来的大量催产素受体激动剂的生产日期来看，他多半已经停药了。

这样的事件虽然少见，却也并非个例。要不了多久，人们就意识到这样的案例正在频频上演。有些人看起来似乎还在过着一切如常的生活，令人难以察觉异状，而实际上，他们正如幽灵一般淡化自己的存在感。这些人还有一个共通之处，就是把所有的决策和事务都交给了人工智能。

在这些案例里，有的经事后调查，确认当事人已经悄然自杀，也有的当事人后来被发现依然活在世上。他们藏身在各种不同的地方，如简陋的旅馆、贫民窟、救助站、监狱……一般都是社会的最底层。这些人对外界毫无反应，一言不发，空洞的眼里看不到任何内容。尽管生命体征依然存在，他们的人格却仿佛已经烟消云散了。

不过，这些都是在失踪不到一年的人身上出现的症状。上文中失踪了 4 年的男人，情况又全然不同。他丧失了记忆，在共情型人类生活的贫民窟里与一个女人同居，还有了个 1 岁半大的孩子。据他所说，当他倒在路边、濒临死亡的时候，是这个女人把他救了回来。男人听从机器人上司的指令，做一些机器人不做的廉价体力活。他赚得不多，却很幸福。尽管生活贫困，但他有打成一片的同事，还会时常和孩子一起玩。

市里的职员定期探访男人，而男人并不明白他们为什么来找自己，又为什么会对自己有兴趣。一天，职员们给男人看了张照片，照片拍的是男人的房子。他们问男人："你对这座房子有印象吗？"男人什么都想不起来。职员又把催产素受体激动剂递给男人。男人问："这是什么？"他已经不记得催产素药物的事了。职员劝男人服药，男人拒绝了。

偷偷听到职员与男人对话的女人心下不安，不知道职员们说的是不是真的。女人听他们说，如果不吃药，男人就会死。但和男人一起生活的几年间，她从没见男人吃过那种药。市里的职员开始怀疑自己是不是找错了人。

几天后，女人突然听到一声很大的动静，吓了一跳。孩子也受了惊吓，发出尖厉的哭声。女人走过去一看，只见男人面色惨白，直愣愣地站着，好像冻僵了一样。男人脚下躺了个马克杯，应该是他失手掉落的，杯身破碎，里面的褐色液体洒了一地。男人脸上毫无表情，让女人感到害怕，但她什么都没敢问。

当天夜里，男人不告而别。女人哭着背起孩子，四处寻找男人的踪迹。两天后，有人在冷清的公厕里发现了上吊自杀的男人。

这个男人在长达 4 年的时间里一直没有服用催产素，这件事引起了相关人员的关注。他们猜测是不是失忆维持了男人的生命，但只有女人知道真正的原因——因为他们相爱。

如今，过着独居生活的回避型人类名下的豪宅里，或许住的尽是幽灵。

终　章

你能适应"死亡社会"吗

如果脱离依恋的趋势继续发展下去，大概要不了几十年，回避型人类就会超出人类总数的一半。

本书在描绘回避型人类及其社会形态时已经尽力收敛，仅仅展示了最初的情况，现实或许会更加极端。社会将脱离依恋的束缚，由公共机构而不是父母管理生命的诞生与养育事宜，利用人工智能技术完美实现社会的公正。然而与此同时，社会也将失去一切温度和情感交流，只剩下一个个孤立的个体。这样的社会是"理想社会"，还是"死亡社会"？大概就要看每个人自己如何理解了。即便残余的共情型人类失去了立足之地，受到日常生活的空洞与孤寂折磨，回避型人类大概也根本不会放在心上，只会为独属于自己的乐趣引吭高歌。

会不会出现另一种情况呢？会不会到了某个阶段，形势发生逆转，意图恢复依恋的风潮强势来袭，社会也开始强化针对依恋的保护措施，使拥有稳定依恋的人再度增多呢？回避型人类会不会减少，共情型人类会不会东山再起、重回巅峰呢？表现为进化的趋势，会不会其实只是昙花一现的适应策略呢？

如果有可能，我希望事实就是如此。

答案应该离我们不远了吧。

最后，我想衷心感谢文艺春秋纪实文学出版部的安藤泉先生。从本书只定下标题的阶段开始，他就一直耐心等待着作品的成形，倾尽全力支持本书的创作。

令和元年（2019 年）初秋

冈田尊司

译后记

　　我的译书活动始于 2016 年，到今年为止，勉强也算得上"有一定经验"了吧。不过，由于之前译的书基本是文学作品，而我又是个沉迷固定领域，知识面没那么宽广的人，因此译这本书时，尽管遣词造句上没觉出什么障碍，却也在个别词语的翻译上犯过难处，如今译罢落笔，宽怀之余，不觉长吁了口气。因知识所限，如有笔力不逮或错漏之处，敬请各位批评指正。

　　铺垫完毕，接下来就借写译后记之机，整理一下这本书带给我的所感所想吧。

　　看这本书，很容易产生"确实如此"的共鸣，因为书里对于回避型人类的描述，正是我能从自己或他人身上看到的人物特征，对于社会形态的想象，也正应和了当下的社会发展趋势。不过对于未来的人类分化、社会形态，书里并没有给出确定的答案。共情型人类与回避型人类最终孰胜孰败，社会将依然温情但又受到温情的裹挟，还是变为无机制的冰冷，又或是多极自由的呢？这些问题，或许正如宇宙之起源、生命之诞生一样，至少在我们生存的年代，还依然是捉摸不透的未解之谜吧。

人类这个族群，因为规模庞大又富于自私的智慧，向来好斗。这个斗，既是斗争，也是奋斗。蒙昧年代里敬畏自然，为生存奋斗；智慧开化后厮杀争斗，从争地盘、争食物，到争强权、争地位。奋斗不息，争斗不止。人类总是有办法推动自然与时代变化，再从这变化里找到自己新的追求，为实现新的追求，或奋斗，或斗争。国与国斗，人与人斗。

然而与此同时，我们又善于体察他人的难处，同情他人的遭遇，这样的同理心甚至可以跨越国际、种族，成为全人类通行的情感能力。虽说"人与人的悲欢并不相通"，但我们未尝不能因他人际遇而体会到打了折扣的快乐或痛苦。

或许，共情能力正是拉着全人类不至于内斗厮杀至灭种的精神力量。但回避型的特征，说不定却能从根源上消除人与人的斗争，因为回避型虽然自私，却又过着离群索居的生活，不愿与他人产生深入的交集。

回避型人类与共情型人类的区别，或许是"自私"和"没那么自私"的区别；又或者在回避型人类看来，是"真实"与"虚伪"的区别。着眼到极小处来看，常见的代际矛盾似乎就是回避型与共情型矛盾的一个缩影。

我们的上一辈普遍有"结婚生子才是完整人生""多子多福"的思想，对下一代催婚催育不断，还会从国家的角度出发，把婚育当作为国奉献的举措。而在新时代成长起来的年轻群体中，认为结婚生子并非人生必选项的人却并不少见。上一辈有更为强烈的家国思想，温良恭俭，尤其相信吃苦是福，愿意为集体牺牲个人利益，而年轻的一代更加注重保全个人利益，追求个人的幸福，不愿为了集体委屈自己。这是由愚昧向清醒、由跟从到独立的变化，还是从纯朴向复杂、从无私向自私的变化呢？在我看来，这样的变化中本就蕴含着多种元素，有好有坏。对个人来说，追求自己想要的生活方式无疑更符合个人的幸福；而对社会来说，发展的动力缺失，以虚构建构的联结弱化也是不争的事实。

这一变化，似乎已经体现了回避型特征开始在人类族群中扩散的趋势。

我想，我自己是共情型，还是回避型呢？我与父母、亲人的关系和睦融洽，自小得到亲情的滋养，看到令人或感动或愤慨的故事时，总会随之产生相应的情绪反应。这么看来，我似乎应该属于共情型。但在人际交往上，比起呼朋引伴，我更愿意一个人静静待着，在自己的世界里做自己的事，不太喜欢与他人产生交集，也因此时常被亲近的朋友给出初见时感觉高冷的评价。这么看来，我身上应该也有着显著的回避型特征。

至于物欲，有时候我会尽情畅想挥金如土的奢侈生活，更多时候却自觉没有太多名利欲望，只盼人生安稳，过得一日是一日。

人本来就是复杂的，我可能只是最普通的复杂的人。即便普通如我，依然掺进了回避型新人类的特征，用没那么科学的以小及大方法来看，回避型人类的进化或许早就发生在每一个个体身上，新人类的分化为时已不远。

共情型人类认为，那样的新人类、新社会是孤独而恐怖的，但回避型人类却只会认为，他们终于迎来了自由而不受压迫的理想社会。在科技手段的支持下，回避型人类的社会将得到长期存续的可能。

不过以我的浅薄所见，尽管回避型人类可以借助科技手段解决掉众多威胁种族存续的严峻问题，但未必可以创造出辉煌的文明成就。

当每个人只为自己而活，并且不希望与他人建立人际联系的时候，人与人之间就无法达成合作关系；当没有人愿意牺牲哪怕一丁点儿个人利益，用以成全他人或集体幸福的时候，社会就不复存在，人类失去集体，只留下与自然、与环境的关系。到那个时候，说不定我们的语言里会只剩下"人"，而没有"人类"。人的社会性死亡将变成现实，而不再只是网上的夸张用词。

绝对的自由等于没有自由。

夜深时分，言辞跟着思绪一并混乱，谨以以上浅见聊作译后一记。

最后，感谢东方出版社编辑王若菡女士选择我作为本书译者，在翻译过程中给予我信任与支持。

王星星

2021 年 6 月 7 日

图书在版编目（CIP）数据

回避型人类 /（日）冈田尊司 著；王星星 译 . —北京：东方出版社，2021.10
ISBN 978-7-5207-2347-3

Ⅰ.①回… Ⅱ.①冈…②王… Ⅲ.①社会心理学—研究 Ⅳ.① C912.6-0

中国版本图书馆 CIP 数据核字（2021）第 167354 号

回避型人类
（HUIBIXING RENLEI）

作　　者：[日] 冈田尊司
译　　者：王星星
策　　划：王若菡
责任编辑：王若菡
装帧设计：谢　臻　谭芝琳
出　　版：东方出版社
发　　行：人民东方出版传媒有限公司
地　　址：北京市西城区北三环中路 6 号
邮　　编：100120
印　　刷：三河市金泰源印务有限公司
版　　次：2021 年 10 月第 1 版
印　　次：2021 年 10 月第 1 次印刷
开　　本：880 毫米 ×1230 毫米　1/32
印　　张：9.5
字　　数：153 千字
书　　号：ISBN 978-7-5207-2347-3
定　　价：59.80 元
发行电话：（010）85924663　85924644　85924641
